Aus eins mach zehn und zwei lass gehn

*Schriftenreihe des Vereins Feministische Wissenschaft*

Irena Sgier

# Aus eins mach zehn und zwei lass gehn

## Zweigeschlechtlichkeit als kulturelle Konstruktion

eFeF-Verlag
Bern – Zürich – Dortmund

Die Deutsche Bibliothek – CIP-Einheitsaufnahme

**Sgier, Irena:**
Aus eins mach zehn und zwei lass gehn: Zweigeschlechtlichkeit als kulturelle Konstruktion/Irena Sgier. – 1. Aufl. – Bern; Zürich; Dortmund: eFeF-Verl., 1994
(Schriftenreihe des Vereins Feministische Wissenschaft)
ISBN 3-905493-64-0



Erste Auflage 1994
eFeF-Verlag, Bern – Zürich – Dortmund

Gesamtherstellung: Clausen & Bosse, Leck
Lektorat: Ruth Büttikofer, Katharina Belser
Umschlaggestaltung: Catherine Eigenmann
Printed in Germany
ISBN 3-905493-64-0

SCHRIFTENREIHE DES VEREINS
FEMINISTISCHE WISSENSCHAFT

«Aus eins mach zehn und zwei lass gehn» ist das neunte Buch einer Schriftenreihe mit feministisch-wissenschaftlichen Texten. Diese sollen Forschung über Frauen und von Frauen zum Thema haben, herkömmliche Forschungskonzepte und -methoden hinterfragen, kritisieren und neue erarbeiten. Die Reihe beabsichtigt zudem, Texte, die sonst kaum veröffentlicht werden, wie Seminar- und Lizentiatsarbeiten, Dissertationen, einem breiteren Publikum zugänglich zu machen.

Die Schriftenreihe erscheint in unregelmässigen Abständen im eFeF-Verlag.

Bisher erschienen:

- *«Ebenso neu als kühn». 120 Jahre Frauenstudium an der Universität Zürich.* 1988
- Ulmi, Marianne: *Frauenfragen – Männergedanken. Zu Georg Simmels Philosophie und Soziologie der Geschlechter.* 1989
- Kokula, Ilse/Böhmer, Ulrike: *Die Welt gehört uns doch!* 1991
- *Solidarität, Streit, Widerspruch. Festschrift für Judith Jánoska.* 1991
- *Im Widerstreit mit der Objektivität. Frauen in den Naturwissenschaften.* 1991
- Kilchenmann, Ulla: *Flexibel oder flexibilisiert? Chancen und Fallen der Teilzeitarbeit von Frauen.* 1992
- *Ortssuche. Zur Geographie der Geschlechterdifferenz.* 1993
- *Querfeldein. Beiträge zur Lesbenforschung.* 1994

Und ausserdem:

- *Cherchez la femme. Bibliographie der Mitglieder des Vereins Feministische Wissenschaft Schweiz.* 1993

Zuschriften und Manuskripte bitte an folgende Adresse:
Verein feministische Wissenschaft Schweiz, Schriftenreihe,
Postfach 2, CH-3000 Bern 26

# Inhalt

Die Hexe: Du musst verstehn!
Aus Eins mach Zehn,
Und Zwei lass gehn,
Und Drei mach gleich,
So bist du reich.
Verlier die Vier!
Aus Fünf und Sechs,
So sagt die Hex,
Mach Sieben und Acht,
So ist's vollbracht:
Und Neun ist Eins,
Und Zehn ist keins.
Das ist das Hexen-Einmaleins!

Faust: Mich dünkt, die Alte spricht im Fieber.

(GOETHE: Faust, 1. Teil)

# Einleitung

Theorien und Studien über Geschlecht liefern eine Fülle an Belegen dafür, wie Geschlecht die Gesellschaft strukturiert ebenso wie für den umgekehrten Fall, die Formierung von Geschlecht unter dem Einfluss gesellschaftlicher Verhältnisse. Beiden Akzentuierungen gemeinsam ist die meist selbstverständliche Annahme natürlicher Zweigeschlechtlichkeit, d.h. der Bezug auf zwei immer schon gegebene und identifizierbare Geschlechter. Wenn auch die Eigenschaften, die Frauen und Männern zugeschrieben oder abgesprochen werden, mittlerweile als gesellschaftlich bedingt erscheinen, so bleibt dennoch die Zweiteilung im Sinne einer grundsätzlichen Vorannahme in den meisten Fällen unangetastet.

Auf einer solchen Grundlage führen Analyse und Kritik der Geschlechterverhältnisse fast zwangsläufig zum Problem Gleichheit oder Differenz zwischen Frauen und Männern. So aber gerät aus dem Blick, dass die Zweiheit der Geschlechter selbst eine gesellschaftliche, historisch spezifische – und, wie EthnologInnen nachweisen, keineswegs universale – Konstruktion darstellt.

Die Frage, warum wir nur zwei Geschlechter kennen, kann sich nur deshalb mit solcher Hartnäckigkeit verbergen, weil eine machtvolle Alltagstheorie der Zweigeschlechtlichkeit auch das wissenschaftliche Denken durchzieht. Und nicht selten führen kritische Analysen zu einer erneuten – unbeabsichtigten – Festschreibung gesellschaftlich wirksamer Dualismen, wenn sie sich in den Fallstricken der Alltagstheorie verfangen.

Diese Problematik haben in neuerer Zeit verschiedene ForscherInnen aus dem Bereich der interpretativen Soziologie sowie WissenschaftskritikerInnen und VertreterInnen postmoderner Ansätze hervorgehoben: Ihr Interesse verschiebt sich von der Analyse inhaltlicher Dualismen hin zur grundsätzlichen Problematik der Zweiteilung von Geschlecht und damit zur sozialen Konstruktion nicht nur von Geschlecht, sondern von Zweigeschlechtlichkeit.

Teil I der vorliegenden Arbeit geht der Frage nach, welche Schwierigkeiten auftauchen, wenn wissenschaftlichen Theorien alltagstheoretische Annahmen über die Existenz zweier Geschlechter zugrunde liegen. Diese Auseinandersetzung knüpft an kultursoziologische, phänomenologische und konstruktivistische Denkrichtungen an, die Geschlecht als sozial hergestellt begreifen.

In Teil II werden postmoderne Ansätze aufgegriffen und im Hinblick auf ihren Nutzen für die Thematisierung von Geschlechterkonstruktionen diskutiert. Die Postmoderne bietet aufgrund ihres Eintretens für Pluralismus und Vieldeutigkeit Ansatzpunkte dafür, die Binarität und scheinbare Einheitlichkeit der naturalisierten Geschlechter als Artefakt in Frage zu stellen. Da diese Ansätze innerhalb der Geschlechterdiskussion umstritten sind, werden in diesem Zusammenhang einige Facetten der feministischen Kritik dargelegt.

Teil III der Arbeit führt mit dem Begriff des Dispositivs eine machttheoretische Perspektive ein. Dabei tritt die Frage in den Vordergrund, welche kulturellen Verknüpfungen dazu führen, dass Geschlecht sich als binär strukturierte Realität durchsetzt.

An diese Fragestellung knüpft Teil IV an; anhand der Kindergynäkologie wird die Beteiligung einer gesellschaftlichen Einrichtung an der Konstruktion kultureller Zweigeschlechtlichkeit diskutiert. Kernpunkt ist die These, dass die Kindergynäkologie Geschlecht schafft und einkörpert, indem sie Kinderkörper heterosexualisiert.

Der letzte Teil der Arbeit schliesslich greift die Frage auf, inwiefern parodistische Inszenierungen eine Möglichkeit darstellen, die Binarität der Geschlechter durch distanzierende Vervielfältigung anzugreifen. Die Parodie als ironisches Verfahren entgeht dem Dilemma, Gleichheit zu postulieren oder Differenz zu verteidigen: sie bestätigt nicht und zerstört nicht, sondern pluralisiert und lässt neue Spielräume entstehen.

Mit der vorliegenden Arbeit verfolge ich das Ziel, dem dichotomen Blick, der die Geschlechterdiskussion beherrscht, seine Selbstverständlichkeit zu nehmen. Hierzu ist es nötig, Fixierungen und unbesehene Vorentscheidungen binär konzipierter Modelle zu analysieren. Ebenso wichtig ist jedoch die Suche nach offeneren Denkweisen, mit deren Hilfe man die Fragen so stellen kann, dass die Antworten nicht zum voraus feststehen. Ich habe pluralistische, wissenssoziologische und machttheoretische Ansätze gewählt und versucht, anhand der Kindergynäkologie nachzuzeichnen, wie Zweigeschlechtlichkeit zu ihrer Selbstverständlichkeit und zu ihrem selten hinterfragten Recht kommt, fast die gesamte soziale Wirklichkeit zu durchdringen. Die Kindergynäkologie ist dabei nur eines der unzähligen Beispiele dafür, wie Geschlecht gezielt und dennoch verstreut, ohne ein steuerndes Machtzentrum und ohne definierbaren Plan durchgesetzt wird. Weitere Beispiele finden sich an jedem beliebigen Ort gesellschaftlichen Zusammenlebens: Dies macht die Zweigeschlechtlichkeit zugleich sehr einflussreich und immer angreifbar. Eine der Möglichkeiten, in dieses zähe Konstrukt an seinen ungeschützten Stellen einzugreifen, ist die Parodie. Da die Zweigeschlechtlichkeit sich nur behaupten kann, wenn sie ständig von neuem hergestellt wird, kann lokal ansetzende Ironie zuweilen sehr wirksame Irritationen bewirken, die eine gute Ausgangslage für Veränderungen bilden.

Die vorliegende Arbeit ist aus meiner am soziologischen Institut der Universität Zürich eingereichten Lizentiatsarbeit hervorgegangen. Ich möchte an dieser Stelle François Höpflinger herzlich für seine Unterstützung und Betreuung danken.

# I Die Geschlechter im sozialwissenschaftschaftlichen Kontext

## 1. (UN-)PROBLEMATISCHE ZUORDNUNGSPRAXIS

In westlichen Kulturen ist die Tatsache der Existenz zweier Geschlechter eine alltägliche wie auch theoretische Selbstverständlichkeit. Erstaunlicherweise gestaltet sich die Zuordnung zum einen oder anderen Geschlecht in den Sozialwissenschaften sogar problemloser als in Alltagssituationen. Kommen im letzteren Fall Irritationen, Unsicherheiten, Irrtümer immerhin gelegentlich vor, so bereitet in wissenschaftlichen Kontexten die richtige Zuordnung in der Regel keine Schwierigkeiten. Im Falle empirischer Studien ordnen sich die untersuchten Personen entweder selbst zu – beispielsweise wenn auf Fragebogen das Geschlecht anzukreuzen ist –, oder sie werden von den ForscherInnen klassifiziert entsprechend den im Alltag erlernten und üblichen Zuordnungsweisen. Als problemlos erweist sich diese Aufgabe so lange, wie die elementare binäre Unterscheidung vor der wissenschaftlichen Reflexion erfolgt. Müssen ForscherInnen ihre Unterscheidungspraxis explizit offenlegen, so stehen sie vor der Schwierigkeit, nicht angeben zu können, was eine Frau und was ein Mann ist, obwohl sie dies relativ mühelos zu erkennen meinen.

Dass die Geschlechterbestimmung in alltäglichen wie in wissenschaftlichen Kontexten scheinbar so unproblematisch vor sich geht, verweist auf ein in beiden Bereichen verankertes triviales, aber sehr stabiles und folgenreiches Konzept von Geschlecht, das Carol Hagemann-White folgendermassen benennt:

> In der Alltagstheorie der Zweigeschlechtlichkeit unserer Kultur wird die Geschlechtszugehörigkeit als *eindeutig, naturhaft* und *unveränderbar* verstanden. Ohne jede bewusste Überlegung wird davon ausgegangen, dass jeder Mensch entweder weiblich oder männlich sein müsse, was im Umgang erkennbar zu sein hat (Eindeutigkeit); dass die Geschlechtszugehörigkeit körperlich begründet sein müsse (Naturhaftigkeit); und dass sie angeboren ist und sich nicht ändern könne (Unveränderbarkeit).
> Nicht alle Gesellschaften teilen diese Auffassung. Eine Theorie, die unreflektiert die Alltagsannahmen der sie umgebenden Gesellschaft übernimmt, bleibt den Macht- und Herrschaftsverhältnissen dieser Gesellschaft verhaftet. Die Unterschiedlichkeit der Geschlechter wird im Alltag als deren Ungleichheit und als die konkrete Unterdrückung der Frauen konstruiert. Auch deshalb können wir uns die Naivität nicht leisten, die Existenz von zwei und nur zwei Geschlechtern vorauszusetzen, als wäre dies ein aussergesellschaftliches, naturgegebenes und unveränderbares Faktum. (HAGEMANN-WHITE 1988, 228)

Studien und Theorien, die sich diese «Naivität» dennoch leisten, geraten in ein theoretisches Dilemma, das neben anderen Regine Gildemeister anspricht: Die Einteilung von Menschen in Männer und Frauen erfolgt mit aller Selbstverständlichkeit auch dort, wo Geschlecht als Ergebnis sozialer Prägung, als Resultat historischer Prozesse, als kulturelles Konstrukt thematisiert wird (GILDEMEISTER 1992). Carol Hagemann-White kommt in ihrer Auseinandersetzung mit Sozialisationsprozessen und -theorien zum Schluss: Die Frage nach geschlechtsspezifischer Sozialisation setzt das Wissen, dass es Frauen und Männer gibt, immer schon voraus (HAGEMANN-WHITE 1984, 1988). Ähnlich Gildemeister:

> Denn die vielfach leitende Frage, inwieweit «das Geschlecht» zu unterschiedlichen Verläufen etwa von Sozialisationsprozessen führt, ist im

> Ansatz falsch gestellt: Geschlechtlichkeit selber ist die Dimension, die angeeignet werden muss. (GILDEMEISTER 1992, 234)

Dieses Dilemma – es wird bereits vorausgesetzt, was erst erforscht werden soll – zeigt sich am deutlichsten in der Sozialisationsforschung, betrifft aber ebenso Studien zum weiblichen Arbeitsvermögen, zur geschlechtsspezifischen Moral etc. Alle Analysen, die mit der Frage nach der Unterschiedlichkeit geschlechtsspezifischer Sachverhalte beginnen, setzen – Alltagskriterien folgend – voraus, dass zwei eindeutig unterscheidbare Geschlechter und eine Differenz zwischen diesen bestehen. Oder, wie Kessler/McKenna vor 15 Jahren feststellten:

> Before we can ask questions about gender differences, similarities and development, gender must be attributed. Until now, the process of gender attribution has been taken for granted by most natural and social scientists, but scientists would not be able to talk about differences in the first place unless they know how to classify the incumbents of two categories which they are comparing. And we will never be able to say this is done by making more and more lists of differentiating factors because in order to make these lists we must have already differentiated. (KESSLER/McKENNA 1978, zitiert nach OSTNER/LICHTBLAU 1992, 227)

Es wird also «sozusagen ein unbekanntes Konzept ‹operationalisiert›» (STRECKEISEN 1991, 153). Die Forderung, Geschlecht soziologisch zu fassen, ist im deutschen Sprachraum eher neueren Datums und – verglichen mit den Bemühungen um Konzepte wie soziales Alter oder Schichtzugehörigkeit – bisher relativ erfolglos geblieben. Gründe hierfür sieht Streckeisen weniger im Phänomen Geschlecht selbst als vielmehr in den «Alltagstheorien der soziologischen Gemeinschaft» (ebenda, 154), die der Entwicklung adäquater Perspektiven im Wege stehen. Als die wichtigste dieser Alltagstheorien kann man die Theorie der biologischen Eindeutigkeit der Zweigeschlechtlichkeit bezeichnen. – Dabei ist bekannt, dass BiologInnen keineswegs so dual operationalisieren wie diejenigen SozialwissenschaftlerInnen, die sich auf die Biologie berufen: Streckeisen zählt fünf Möglichkeiten der biologischen Geschlechtsbestimmung auf, nämlich Chromosomengeschlecht, Keimdrüsengeschlecht, morphologisches Geschlecht, Hormongeschlecht, geschlechtstypische Besonderheiten im Gehirn.[1] In Alltagstheorien, so Streckeisen, dominiert die Bezugnahme auf morphologische Merkmale.

Fragen nach der Übereinstimmung des Chromosomengeschlechts mit dem hormonalen und dem genitalen Geschlecht sind zwar interessant, weil sie Geschlecht als Kontinuum thematisieren; sozialwissenschaftlich und alltagstheoretisch sind sie jedoch nicht relevant, da in beiden Fällen die Attribution von Geschlecht sich nicht an Chromosomen, Hormonen und unsichtbaren Vorgängen im Körperinnern orientiert, sondern an äusseren Erscheinungsbildern von Körpern. Die Ethnomethodologie geht noch einen Schritt weiter und stellt fest, dass sogar im Fall der oft für das hauptsächliche Attributionsmerkmal gehaltenen Genitalien nicht biologische Fakten über die soziale Zuordnung entscheiden, sondern – da die Genitalien in der Regel verborgen sind – lediglich unterstellte biologische Merkmale, die ursprünglich von Garfinkel so genannten *kulturellen Genitalien* (GARFINKEL 1967). Dass diese Unterstellung in den seltensten Fällen verifiziert werden kann, bedeutet, dass letztlich eben nicht Geschlechtsorgane über die Zugehörigkeit zu einer Geschlechtsgruppe entscheiden; Personen werden – aus einer interaktionistischen Perspektive betrachtet – mittels Indizien wie Kleidung, Aussehen, Körperbau, Auftreten, Gestik, Mimik, Redeverhalten usw. klassifiziert und erst anschliessend mit kulturellen Genitalien versehen.

Die Unterteilung von Personen in zwei – und nur zwei – Gruppen geschieht also in der Wissenschaft nach denselben Methoden wie in der Alltagspraxis. Selbstverständlich gilt dies nicht für in-

1 Vgl. dazu auch BISCHOF/PREUSCHOFT (1980)

haltliche Aussagen über Geschlecht. Hier nehmen Theorien Differenzierungen vor, die sich mehr oder weniger deutlich von Alltagstheorien entfernen. Dennoch bleibt die Tatsache bestehen, dass in diesem Punkt – in der elementaren Unterteilung von Menschen in zwei Geschlechter – viele Theorien und Studien auf einem alltagstheoretischen, quasi vorreflexiven Niveau verharren, indem sie eine «Basismetapher alltäglichen sozialen Verkehrs und ein historisch-kulturell unterschiedlich ausgeformtes generatives Prinzip zum *Ausgangspunkt* der Analyse [nehmen], ohne sich über die Voraussetzungen und Folgen für die so aufgebauten eigenen Konstrukte Rechenschaft abzugeben» (GILDEMEISTER 1992, 227).

## 2. GESCHLECHT ALS SOZIALE KONSTRUKTION

Im folgenden konzentriere ich mich auf jenen Teilbereich von Geschlecht, der in die Zuständigkeit kultursoziologischer Analysen fällt, d.h. auf Fragen nach der Konstruktionspraxis, nach Sinngebungsprozessen, kultureller Bedeutung und Realität von Geschlecht. Damit ist die grundsätzliche Tendenz gegeben: nicht Wirkungen und Stellenwert von Geschlecht als Strukturkategorie stehen zur Debatte, sondern umgekehrt Geschlecht als Wirkung sozialer Prozesse in seinen kulturellen, symbolisch-sinnhaften Dimensionen und mit besonderer Berücksichtigung machtspezifischer Fragen. Dabei geht es nicht um evidenten oder verborgenen Sinn von Weiblichkeit und Männlichkeit, sondern um die Herstellung, die Konstruktion und Produktion des kulturellen Phänomens Geschlecht im Kontext unterschiedlicher Machtverhältnisse. Grundlage meiner Überlegungen ist also nicht, dass Geschlecht üblicherweise als Zweiheit zur Sprache kommt; diese Zweiheit, die soziale Zweigeschlechtlichkeit wird selbst als kultureller Sachverhalt verstanden, als eine nicht-selbstverständliche *Praxis* mit universalisierender Tendenz.

Verschiedene kultursoziologische Theorien und Studien aus dem phänomenologischen, ethnomethodologischen und symbolisch-interaktionistischen Bereich weisen in diese Richtung. Geschlecht wird einerseits thematisiert als eine Form von Wissen, als Sinnhorizont und symbolischer Komplex, andererseits als Produkt von Interaktionen auf sprachlicher Ebene ebenso wie auf der Ebene der Darstellung und Visualisierung. Um diese unterschiedlichen Bereiche in eine diskutierbare Form zu bringen, greife ich ein Begriffspaar auf, das Meier-Dallach und Mörth als elementare Kategorien der Kultursoziologie – in ausweitender Anlehnung an die Wissenssoziologie von Berger/Luckmann – vorgeschlagen haben:

> – *Kultur als «existentielle Praxis»*, die sich als Element von Verhaltensweisen und Lebensstilen der Menschen ausformt und so den Alltag unterschiedlicher sozialer Gruppierungen in der konkreten Lebensführung prägt, und
> – *Kultur als «symbolische Praxis»*, die als Horizont der Orientierung und Reflexion in Form von Symbolstrukturen, Bildern, Normen und Wertvorstellungen, Identitätskonzepten etc. erscheint und dabei in einem Wechsel- und Spannungsverhältnis zum Alltagsleben steht. (MEIER-DALLACH/MÖRTH 1988, 186)

Ich befasse mich nicht mit Kultur im allgemeinen, sondern mit Geschlecht bzw. Zweigeschlechtlichkeit als kulturellem Phänomen. In diesem Sinn ist im obigen Zitat Kultur durch Geschlecht zu ersetzen. Geschlecht als existentielle Praxis bezieht sich dann in erster Linie auf die Ebene der Interaktion sowie auf die weitere konkrete Lebensführung im Sinne alltagsweltlichen Handelns. Mit der symbolischen Praxis von Geschlecht hingegen ist der Sinnhorizont mit seinen Bildern, Normen, Werten, Identitätskonzepten gemeint, der der existentiellen Praxis als Orientierung und Bezugshorizont dient. Diese beiden Bereiche sind weder kongruent noch absolut getrennt; sie befinden sich in einem Spannungsverhältnis, das – da beide Komplexe sich ständig neu herstellen, verändern und verschieben – zu keinem Zeitpunkt als vollkommen stabil angenommen werden kann.

Die Übernahme der obigen Begriffe aus der Kultursoziologie rückt die Praxis ins Zentrum. Damit wird das Prozesshafte betont, der Aspekt der Veränderbarkeit und Kontextabhängigkeit, aber auch derjenige der Verbindung von Habitualisierung und Zufälligkeit. Etwas Unveränderbares, das einen wie auch immer gearteten Kern von Geschlecht ausmachen würde, gibt es in dieser Perspektive nicht. Realität erscheint als etwas Konstruiertes: nicht im Sinne eines fertig hergestellten Produktes, sondern im Sinne eines Prozesses, einer Vielfalt von sich oft überschneidenden Prozessen, die in unterschiedlichen Verbindungen die existentielle und die symbolische Praxis ausmachen. Die symbolische Praxis existiert zwar relativ unabhängig von konkreten Handlungen, ist aber dennoch nicht als feststehender Bestand von Wissen zu begreifen, sondern als prinzipiell bewegliches Wissen, das ständig neu produziert werden muss, um als objektiv im Sinne Berger/Luckmanns wirksam werden zu können.

Die oben skizzierte Perspektive impliziert eine konstruktivistische Sicht auf Realitäten bzw. ein Verständnis von Realitäten als soziale Konstruktionen. Geschlecht ist keine Eigenschaft von Personen, Körpern oder Körperteilen, sondern eine kulturelle Konstruktion, die mit diskursiven und nichtdiskursiven Mitteln ständig reproduziert werden muss. Als eine aus der Phänomenologie stammende Perspektive konzentriert sich der Konstruktivismus auf die Herstellung von Realität, auf Sinngebungsprozesse und symbolische Ordnungen. Es geht also nicht darum zu fragen, *wie* die Variable Geschlecht gesellschaftliche Wirklichkeiten *beeinflusst*. Diese Sicht würde eine Vorgängigkeit von Geschlecht postulieren, die in einem wissenssoziologischen Rahmen nicht haltbar ist. Konstruktivistisch vorzugehen heisst vielmehr zu fragen, *wie Geschlecht zur Realität werden* und als – in hohem Masse naturalisierte – Realität funktionieren kann.

Diese Sicht steht in engem Zusammenhang mit der Wissenssoziologie von Berger/Luckmann. Deren konstruktivistischer Ansatz kreist um die Herstellung, das Funktionieren, die Objektivation, Institutionalisierung und Legitimierung gesellschaftlicher Realität auf der Ebene des Wissens. Obwohl Geschlecht für die Autoren kein zentrales Thema darstellt, ist der von ihnen in der Soziologie vorangetriebene Konstruktivismus für Geschlechtertheorien von zentraler Bedeutung. Ein Grund hierfür liegt im Aufzeigen des Konstruktcharakters und der Relativität aller Wirklichkeiten; ein weiterer darin, dass eine Absicht von Berger/Luckmann dahin geht, «unter der Annahme der ‹Selbstproduktion› des Menschen zu erklären, wie es dazu kommen kann, dass die selbstproduzierte Sozialordnung von deren Teilnehmern gleichzeitig als ‹objektive›, ‹äusserliche› und quasi ‹naturgegebene› erfahren wird» (KNORR-CETINA 1989, 87).

Der bisher dargelegte Ansatz konzentriert sich stärker auf mikrosoziologische Probleme als auf gesamtgesellschaftliche Zusammenhänge. Letztere werden in dieser Arbeit über das von Michel Foucault übernommene strategische Konzept des Dispositivs wieder hereingeholt, das nicht nur eine Ausweitung der Perspektive, sondern auch den Einbezug machttheoretischer Fragen mit sich bringt.

Geschlecht lässt sich in diesem Sinn bestimmen als «selbstproduziertes» kulturelles Phänomen, das in weiten Bereichen als quasi naturgegeben erfahren wird. Es handelt sich um keine biologische Kategorie und nicht um ein Merkmal, das Personen lebenslänglich unverändert anhaftet. Zwar kann kaum jemand der Kategorisierung entgehen; die symbolische und soziale Dimension von Geschlecht jedoch ist historisch und kulturell variabel und ändert sich nicht nur im Verlauf des Lebens, sondern variiert auch in unterschiedlichen Segmenten der Alltagswelt.

In diesem eingegrenzten Sinn verstehe ich Geschlecht als kulturelles Phänomen, das jeder Person in irgendeiner Weise zugeschrieben wird bzw. von allen Gesellschaftsmitgliedern – als existentielle Praxis – gelebt werden muss unter Bezugnahme auf die symbolische Praxis von Geschlechtlichkeit. Eine eindeutige Definition dieses Phänomens ist nicht möglich, da Geschlecht auf der Phänomenebene keine Eindeutigkeit besitzt. Was sich angeben lässt, sind lediglich rudimentäre Umrisse der Dimensionen dessen, was gesellschaftlich als Geschlecht wirksam wird.

Sehr vereinfacht und mikrosoziologisch gesehen, konstituiert sich Geschlecht entlang der Dimensionen Körperlichkeit und Sexualität. Unter Körperlichkeit verstehe ich dabei nicht eine biologische Materie, der ein Geschlecht zugewiesen würde; ich begreife den Körper als kulturellen Sachverhalt in dem Sinne, dass jedes Wahrnehmen, Erleben oder Sprechen über den Körper bereits innerhalb eines kulturellen Kontextes stattfindet, der bestimmt, was ein Körper ist. So gesehen, existiert kein Körper ausserhalb einer Sprache und eines bestimmten gesellschaftlichen Wissenshorizontes, also ausserhalb einer gesellschaftlichen Praxis. Ein Körper hat demnach kein Geschlecht. Er wird kulturspezifisch vergeschlechtlicht durch gesellschaftliches Wissen, Praktiken der Wahrnehmung, Darstellung und Thematisierung. Diese Vorgänge bestimmen beispielsweise, was relevant wird für die Bestimmung eines Körpers als männlich oder weiblich.[2] Es ist das von einer Kultur zur Verfügung gestellte Körper*wissen*, das die Körper*erfahrung* – die eigene wie die fremde – strukturiert, den Spielraum bestimmt und die Grenzen absteckt dafür, was Körper ist, wie er wahrgenommen, thematisiert und auch erfahren werden kann. Hierbei greifen existentielle und symbolische Praxis ständig ineinander. In ihrem Lebensalltag greifen Menschen auf das Symbolische zurück, um Körperlichkeit zu inszenieren und

2 Einige Praktiken der historischen Konstruktion von Körperlichkeit hat die Sozialhistorikerin Barbara Duden auf anschauliche Weise am Beispiel des schwangeren Körpers aufgezeigt. In *Der Frauenleib als öffentlicher Ort* analysiert Duden die Veränderungen der gesellschaftlichen Wahrnehmung von Schwangerschaft im Zusammenhang mit der Entwicklung medizinischer Techniken und Institutionen. Dabei wird deutlich, in welchem Ausmass der Körper, von dem gesprochen, der wahrgenommen und erlebt wird, ein Produkt historischer, kulturspezifischer Entwicklungen ist. (DUDEN 1991)

zu interpretieren; gleichzeitig beeinflussen existentielle Praktiken das Symbolische, indem sie im Verlauf unterschiedlicher Inszenierungen vorgegebenes Körperwissen abwandeln, verschieben, neu definieren.

In hochtechnisierten Gesellschaften werden diese Prozesse von technologischen Entwicklungen beeinflusst, wobei neben den Medien der in der Medizin eingesetzten Technik besondere Bedeutung zukommt. Röntgenaufnahmen, Ultraschallgeräte, elektronisch hergestellte Bilder eines Kampfes zwischen Viren und Immunsystem zum Beispiel strukturieren wesentlich nicht nur das Körperwissen, sondern auch die Körpererfahrung. Gerade im Fall der Krankheit Aids spielt Technik eine wichtige Rolle; ohne technisch produziertes Wissen könnte diese Krankheit nicht als Kampf Virus versus Immunsystem erfahren werden. Wenn zum Beispiel das Wissen um veränderte Blutbilder zu einer Verschlechterung des subjektiven Krankheitsbefindens und zu Verhaltensänderungen führt, so verweist dies auf eine direkte Einwirkung des durch ExpertInnen vermittelten technischen Wissens auf die existentielle Körpererfahrung. Es existiert in diesem Sinne kein Körpervorgang, der nicht durch gesellschaftlich verfügbares Wissen strukturiert würde.

Eine weitere wichtige Dimension der Konstruktion von Geschlecht stellt die Sexualität dar. Diese mag eine weniger offensichtliche Funktion innehaben als die Körperlichkeit, scheint mir aber nicht weniger zentral. Die ausgeprägte Binarität, in der sich das Geschlecht des Körpers auf der Phänomenebene präsentiert, ist wesentlich verschränkt mit einer nicht weniger binär strukturierten Vorstellung von Sexualität. Diese erscheint nicht als Sexualität schlechthin, als geschlechtsindifferentes Phänomen, sondern als für das Geschlecht konstitutive Heterosexualität. Diese dominierende Form von Sexualität setzt nicht nur binäre Geschlechter voraus, sie produziert diese auch selbst, das heisst, die Praxis der Heterosexualität trägt dazu bei, das hervorzubringen, was kulturell als Mann oder als Frau verstanden wird.

Diesen Zusammenhang verdeutlicht Stefan Hirschauer im

Bereich der direkten Interaktion, wenn er am Beispiel der Transsexuellen aufzeigt, wie «Begleiter von Transsexuellen in ihre geschlechtliche Kategorisierung einbezogen werden» (HIRSCHAUER 1989, 108). Transsexuelle Personen, deren äussere Erscheinung Irritationen hervorruft, bei denen der *zweigeschlechtliche Erkennungsdienst* (Tyrell) also nicht auf Anhieb funktioniert, werden in eindeutig männlicher Begleitung eher als Frauen, in weiblicher Begleitung jedoch als Männer wahrgenommen. Dieser Mechanismus weist auf eine Paarwahrnehmung hin, die auf der Grundlage einer unterstellten heterosexuellen Struktur Geschlechtlichkeit konstruiert. Die Binarität oder Komplementarität wird in diesem Fall nicht aus dem Geschlecht abgeleitet, sondern aus der heterosexuellen Unterstellung, die erst die Identifikation geschlechtsspezifischer Indizien produziert und ermöglicht. – Da solche Wahrnehmungs- und Zuordnungsprozesse nicht im leeren Raum stattfinden, ist ausserdem der jeweilige Kontext zu beachten:

> Als räumlicher Kontext von Geschlechtsdarstellungen sind besonders Örtlichkeiten relevant, in denen eine geschlechtliche Segregation praktiziert wird. Sexuierte Räume vereindeutigen eine Geschlechtszugehörigkeit, weil es an ihnen nicht egal sein kann, welches Geschlecht jemand hat. Anwesende sind um so selbstverständlicher Geschlechtsangehörige oder sie geraten um so dringender in Verdacht, es nicht zu sein. (HIRSCHAUER 1989, 107f.)

Die Fortpflanzung ist ein Ort, an dem sich die beiden Dimensionen kreuzen – diejenige der binären Körperlichkeit und diejenige der Heterosexualität. In kaum einer Studie über Geschlechterdifferenzen fehlt das Thema Fortpflanzung. Ich erachte sie nicht deshalb für wichtig, weil sie den Geschlechterdimorphismus besonders klar zeigt, sondern wegen ihrer Funktion für die Konstruktion eines binären Arrangements. Damit sollen nicht biologische Vorgänge kulturalistisch wegargumentiert werden. Es geht um die Tatsache, dass Gebären oder Zeugen nicht per se sozial relevante Ereignisse sein müssen, sondern dies nur im Rahmen eines entsprechenden *Systems der Zweigeschlechtlichkeit*[3] sind, das sie *für relevant erklärt.*

Weitere Dimensionen sind denkbar. Die hier getroffene Auswahl begründet sich aus der kultursoziologischen Perspektive, die an Zweigeschlechtlichkeit als einem Effekt kultureller Praktiken interessiert ist und zunächst Sinngebungsprozesse in den Vordergrund rückt. Ökonomische Fragen wie diejenige nach der Bedeutung von Geschlecht für die gesellschaftliche Arbeitsteilung bleiben deshalb weitgehend unberücksichtigt.

Ein Grund dafür, warum es nicht ausreicht, Geschlecht als soziales Konstrukt zu betrachten, ohne das zugrunde liegende Prinzip der Zweiteilung selbst zu thematisieren, ist, wie skizziert, theoretischer Natur: der Dualismus als generatives Prinzip basiert auf einer Alltagstheorie der Zweigeschlechtlichkeit. Theorien, die dieses Prinzip zur eigenen Grundlage machen, erklären somit eine vortheoretische Annahme zum theoretischen Ausgangspunkt, was zur Reifizierung zentraler Bereiche der Geschlechterverhältnisse führen kann. Ein weiteres Problem solcher Ansätze sind Zirkelschlüsse, die entstehen, wenn Geschlecht durch geschlechtsspezifische Sozialisation/Arbeitsteilung/Lebenswelt etc. erklärt wird. Denn auf diese Weise «geraten wir mit der Annahme, es gebe Frauen und Männer und es gebe einen Unterschied zwischen ihnen, in das Dilemma, dass unser Ausgangspostulat uns nötigt, den Unterschied immer schon gewusst zu haben, den wir angeblich untersuchen wollen» (RÖDIG 1992, 109). Die häufigste Methode, diesem Dilemma auszuweichen, liegt im Verweis auf die Genitalien als biologische Fakten und damit wiederum im Rückgriff auf die Alltagstheorie der

3 Der Begriff wurde vor allem von Carol Hagemann-White eingeführt (mit Bezug auf Kessler/McKenna, Cucchiari u. a.) und bezeichnet eine kulturelle Ordnung, die auf der alltagstheoretischen Annahme natürlicher Zweigeschlechtlichkeit aufbaut. Dieses System strukturiert soziale Realität und deren Wahrnehmung in einer binären Optik.

Zweigeschlechtlichkeit. Wie Kessler/McKenna zeigen, sind Genitalien nicht pure Biologie, sondern mittels kultureller Praktiken bedeutsam gemachte (meist bloss unterstellte) Körperteile und damit in ihrer Bedeutung für Geschlechtsattributionen selbst erklärungsbedürftig. Es bleibt nichts übrig, womit sich die Übernahme der Alltagstheorie der Zweigeschlechtlichkeit in kultursoziologischen Theorien legitimieren liesse.

Ein weiteres Problem, das sich aus der unhinterfragten Verwendung der Kategorien «Frauen» und «Männer» ergibt, beschreibt Connell: Die Denkgewohnheit des Kategorialismus – die Connell beispielsweise radikalen Feministinnen wie Susan Brownmiller, Andrea Dworkin, Nancy Chodorow vorhält – führe zu einer sexuellen Ideologie der Naturalisierung gesellschaftlicher Prozesse, die die theoretischen Erkenntnismöglichkeiten empfindlich einschränke. Da «das kategoriale Denken bedeutende Teile der feministischen Theorie auf Positionen zurück[führte], durch deren Ablehnung der zeitgenössische Feminismus einst entstanden ist» (CONNELL 1986, 337), werde der Zugang zu weiterführenden wissenschaftlichen Ergebnissen blockiert. Dieser Kritik ist gewiss zuzustimmen, wenn auch einigen «Kategorialistinnen» wie z. B. Brownmiller in der Thematisierung der Vergewaltigung durchaus ein wichtiger theoretischer Beitrag (in den 70er Jahren) zuzugestehen ist. Dass Aussagen wie «alle Männer sind Vergewaltiger» die Geschlechterdiskussion nicht voranbringen, wurde jedoch spätestens dann klar, als man begriff, dass die Aussage «alle Frauen sind Opfer» theoretisch und politisch in eine Sackgasse führt. Dass Kategorialismus in Verbindung mit bedenkenloser Universalisierung theoretische Einsichten verhindert, ist nicht nur von Connell erkannt worden; mit diesem Problem musste sich die Frauenbewegung befassen, kaum dass es ihr gelungen war, ein politisches Subjekt «Frau» in seinen Umrissen überhaupt erst erscheinen zu lassen.

Ein zweiter Grund für die Notwendigkeit, das Prinzip der Zweigeschlechtlichkeit zu hinterfragen, liegt in der von AnthropologInnen und EthnologInnen beigesteuerten Einsicht, dass

Zweigeschlechtlichkeit kein universelles Phänomen darstellt, sondern kulturspezifisch variiert. Nicht nur die Charakteristika der Geschlechter sehen in unterschiedlichen kulturellen Kontexten verschieden aus; auch die Anzahl der Geschlechter sowie deren Zuordnungsweisen variieren. Hagemann-White bemerkt mit Bezug auf Margaret Mead (1961), Ortner/Whitehead (1981) u.a.:

> Eine Anzahl von Gesellschaften haben Möglichkeiten gekannt, zum anderen Geschlecht überzuwechseln, ein drittes, neutrales Geschlecht anzunehmen, oder kennen mehrere zusätzliche Geschlechtskategorien. Umstritten ist, ob dies die Zweiteilung unterläuft (Martin/Voorhies, Kessler/McKenna) oder im Gegenteil gerade stärkt, indem ein Platz für Verhaltensabweichungen geschaffen wird (Cucchiari 1981) [...] Was den Geschlechtswechsel oder die «zusätzlichen Geschlechter» betrifft, scheinen die Genitalien nie ganz irrelevant zu werden; diese Gesellschaften unterscheiden im Alltag jedoch nach anderen Kriterien und erlauben so in der Praxis den vollständigen Geschlechtswechsel oder den Wechsel in einen Sonderstatus, ohne dass die Genitalien ein Hindernis wären. (HAGEMANN-WHITE 1984, 79)

Gemäss Veronika Bennholdt-Thomsen existiert z.B. in der indianischen Kleinstadt Juchitan in Mexiko ein Drei-Geschlechter-Arrangement: Männer, Frauen und Musehs, die homosexuellen Männer (BENNHOLDT-THOMSEN 1989). Wie die Autorin berichtet, werden die homosexuellen Männer als eigenständiges (nichtdiskriminiertes) Geschlecht behandelt. Da Bennholdt-Thomsen ökonomisch argumentiert, ist von ihr leider wenig über die kulturelle Bedeutung dieses dritten Geschlechts zu erfahren. Ihre Ausführungen beziehen sich auf den öffentlich anerkannten gesellschaftlichen Ort und die Stellung innerhalb der geschlechtsspezifischen Arbeitsteilung (v.a. Kunsthandwerk). In welchem Sinn die Geschlechtsidentität der Musehs einen Ort zwischen dem weiblichen und dem männlichen Geschlecht einnimmt, bleibt unklar. Dass Dreigeschlechtlichkeit tatsächlich existiert, illustriert dieses Beispiel jedoch genauso wie andere Studien über indianische Gesellschaften. Lipp erwähnt das prominenteste Beispiel, die nordamerikanischen Berdachen:

> Die Figur des Berdache – sie tritt auf im Stammesleben fast aller nordamerikanischen Indianerkulturen [...] – ist zunächst dadurch gekennzeichnet, dass Geschlechtsrollenwechsel nicht wie bei den Reifeweihen kurzfristig, für die Dauer vorübergehender Riten, vollzogen wird; er gilt vielmehr langfristig, ist institutionell auf Dauer gestellt und hält ein Leben lang an. [...] Zu den Eigenschaften, die den Berdache charakterisieren, zählt nicht zuletzt, dass Weibmänner dieser Art im Lebenskreis, in dem sie wirkten, nicht etwa verachtet waren, sondern als Besonderheit verehrt wurden. (LIPP 1986, 538)

Die Umschreibung der Berdachen als Weibmänner ist ebenso problematisch wie die bei anderen AutorInnen anzutreffende Charakterisierung als homosexuelle Transvestiten: Beide Zuschreibungen basieren auf einem Modell, innerhalb dessen nur zwei Geschlechter gedacht werden können. Tatsächlich verkörpern jedoch die Berdachen ein eigenständiges Geschlecht, das mit unseren Begriffskategorien nicht zu erfassen ist.

Dass Geschlechtswechsel möglich sein kann, ohne dass die Genitalien ein Hindernis wären, bestätigt Wolfgang Lipp in seiner ethnographischen, auf die Sozialanthropologie rekurrierenden Darlegung noch an weiteren Beispielen. Dabei unterscheidet er grundsätzlich zwischen Geschlechtsrollenwechseln, die «temporär, für die Dauer z. B. bestimmter Riten» erfolgen, und anderen, die «auf Permanenz angelegt [sind], definitiv vollzogen [werden] und ein Leben lang [anhalten]» (LIPP 1986, 534). Lipp beginnt seinen Aufsatz zwar mit der wegen der problematischen Unterscheidung Natur/Kultur zunehmend weniger gebräuchlichen Unterteilung sex/gender[4]. Im weiteren verfährt er jedoch nach eigener Angabe kultursoziologisch. Er postuliert

4 Zur sex/gender-Diskussion vgl. Donna Haraway (1987)

zwar gewissermassen eine vorsoziale Natur, befasst sich jedoch nicht weiter damit. Unter Geschlecht versteht er «Verhaltensmuster, die die Kultur, nicht die Natur dem Menschen vorgibt: Muster, die auf biologische Merkmale zwar Bezug nehmen, sie zugleich aber übergreifen und Figurationen eigener Ordnung schaffen» (LIPP 1986, 529). Wenn auch nicht am Konstruktivismus orientiert, so liefert Lipp doch interessante Belege für den Ethnozentrismus der unterstellten Zweigeschlechtlichkeit, die dekonstruktiven Ansätzen von Nutzen sein können – nicht zuletzt deshalb, weil der Autor entschieden auf der Plurivalenz, der Vielschichtigkeit und Komplexität des Phänomens Geschlecht, besteht und keinen Versuch unternimmt, darin nach Bedeutungen zu suchen, die alle kulturellen Grenzen überdauern würden.

Konstruktivistische Perspektiven versuchen nicht, Geschlecht auf der Grundlage von Alltagstheorien inhaltlich zu bestimmen; vielmehr rücken sie Geschlecht oder Zweigeschlechtlichkeit als kulturelles System und symbolische Ordnung ins Zentrum. Die Fragerichtung, die dabei eingeschlagen wird, ist diejenige nach dem *Wie*, nach den Mechanismen und Techniken der Konstruktion dieser kulturellen Ordnung.

Ich habe diese phänomenologisch orientierte Perspektive als konstruktivistisch bezeichnet.[5] Für die Arbeitsmethode, die darauf abzielt, die Konstruiertheit von Wirklichkeit aufzuzeigen, hat sich in den letzten Jahren der Begriff der *Dekonstruktion*[6] etabliert. Ich verwende diesen dort, wo der Vorgang der Demontage eines Konstruktes im Mittelpunkt steht. Der Begriff Dekonstruktion wurde von Derrida eingeführt und setzte sich vor allem in Literaturwissenschaft und Philosophie durch. Die Soziologie hat

5 Karin Knorr-Cetina (1989) bietet eine aufschlussreiche Kritik konstruktivistischer Strömungen. Sie unterscheidet zwischen dem Sozialkonstruktivismus (Berger/Luckmann), dem kognitions- oder erkenntnistheoretischen Konstruktivismus (z. B. Maturana, Varela) und dem empirischen Programm des Konstruktivismus.

6 Vgl. die Textsammlung von Peter Engelmann (Hg.) (1990) sowie für eine Übersicht Jonathan Culler (1988).

ihn nur am Rande aufgegriffen; dennoch scheint er mir auch hier brauchbar, da der Begriff *Konstruktivismus* in dem Sinne missverständlich ist, als er zwar die Konstruiertheit von Realität betont, dabei aber unterschlägt, dass die von der Wissenschaft hergestellten Realitäten auf dem De-Konstruieren existierender Konstruktionen beruht. Kurz umrissen ist Dekonstruktion eine Strategie, die innerhalb eines gegebenen (hierarchischen) Begriffssystems daran arbeitet, klassische Begriffe und Gegensatzpaare – wie beispielsweise männlich/weiblich – zu deplazieren. Dazu werden von einer Aussenposition her die Verfahren der Konstruktion analysiert mit dem Ziel zu erfahren, was von der Genealogie dieser Begriffe verdeckt oder verboten worden ist. Ich beziehe mich nicht direkt auf Derrida, da dessen Methode nicht umstandslos auf die Soziologie übertragbar ist. Wo der Begriff in der vorliegenden Arbeit auftaucht, bezieht er sich auf die allgemeine postmoderne Diskussion in den Kulturwissenschaften. Dies wird im folgenden Kapitel näher erläutert.

Kulturelle Zweigeschlechtlichkeit als solche zu problematisieren und zu dekonstruieren, ist ein Unterfangen, das bei manchen AutorInnen auf heftige Kritik stösst, so beispielsweise bei Andrea Rödig, die in ihren Ausführungen auf Hagemann-White verweist:

> Es gibt Ansätze, die dafür plädieren, das System der Zweigeschlechtlichkeit selbst zu hinterfragen, sie, die Zweigeschlechtlichkeit, als den Mythos anzusehen und nicht nur ihre inhaltlichen Bestimmungen. Doch das wird uns nicht davon entheben, in den Kategorien «männlich» und «weiblich» zu sprechen, zu handeln und zu denken, und zwar, *als ob sie mehr wären* als eine bloss symbolische Ordnung. (RÖDIG 1992, 109 f.)

Im folgenden sollte deutlich werden, dass die erwähnten Kategorien auch in Analysen der Zweigeschlechtlichkeit tatsächlich *mehr sind* als «eine bloss symbolische Ordnung». Ein konstruktivistischer Ansatz, der die Zweigeschlechtlichkeit ins Zentrum rückt, sieht die Binarität der Geschlechter nicht als Mythos und ausschliesslich symbolisches Problem, sondern versucht, sie als kulturelle Phänomene zu entschlüsseln, die symbolisch, aber auch durch gesellschaftliche Praktiken, Machtverhältnisse und materielle Gegebenheiten hergestellt werden. Mit dem Begriff Mythos unterstellt Rödig den kritisierten Ansätzen, sie versuchten, die wahre Natur der Geschlechtlichkeit zu finden bzw. den Schleier des Mythos zu lüften, der die wirkliche Geschlechtlichkeit entstellt. Eben diese Sicht vertreten konstruktivistische Ansätze zum System der Zweigeschlechtlichkeit nicht; sie analysieren die Arrangements der Geschlechter als Konstruktionen, nicht als Mythen und symbolische Entstellungen. Zwar sind auch diese genötigt, «von ‹männlich› und ‹weiblich› zu sprechen, zu handeln und zu denken»; es stellen sich jedoch einige bedeutsame Veränderungen ein im Vergleich zu Theorien, die Geschlecht, nicht aber dessen Zweiheit als konstruiert erachten.

# II Postmoderne und Geschlecht

## 1. GRUNDZÜGE DER POSTMODERNE

Der Terminus Postmoderne kam in den europäischen Sozialwissenschaften in den 70er Jahren auf. Dass er sich in kürzester Zeit ausbreitete, heftige Diskussionen und Kontroversen auslöste, ist Jean-François Lyotard und seiner Gelegenheitsarbeit *La condition postmoderne* (deutsch *Das postmoderne Wissen*), die er im Auftrag des Universitätsrates der Regierung von Québec angefertigt hatte, zuzuschreiben. Darin entwickelt Lyotard seinen Postmodernebegriff auf der Grundlage der Sprachspieltheorie Wittgensteins; zentraler Gegenstand des Buches ist die «Lage des Wissens in den höchstentwickelten Gesellschaften» bzw. die These eines grundlegenden Bruchs in Wissen und Kultur der Gegenwart. Obwohl die Annahme eines solchen Bruchs von Lyotard selbst anschliessend verworfen und von vielen anderen AutorInnen nie akzeptiert wurde, bleibt *Das postmoderne Wissen* ein Schlüsseltext der Diskussion.

Eine einheitliche postmoderne Theorie der Gesellschaft oder auch nur eines Gesellschaftsbereichs existiert nicht. Die dezidierte Ablehnung aller Vereinheitlichungstendenzen und Totalitarismen im postmodernen Denken hat auch in der Theorie dazu geführt, dass kaum versucht wird, die verstreuten postmodernen Positionen auf einen gemeinsamen Nenner zu bringen. Dennoch lassen sich einige Grundzüge dieser relativ jungen Tradition angeben. Wolfgang Welsch – einer der wenigen deutschsprachigen AutorInnen, die sich der Postmoderne in der Theorie verschrieben haben – kennzeichnet sie wie folgt:

> – Postmoderne wird hier als Verfassung radikaler Pluralität verstanden. [...] Das Charakteristische postmoderner Pluralität gegenüber früherer ist, dass sie nicht bloss ein Binnenphänomen innerhalb eines Gesamthorizontes darstellt, sondern noch jeden solchen Horizont bzw. Rahmen oder Boden tangiert. Sie schlägt auf eine Vielfalt der Horizonte durch, bewirkt eine Unterschiedlichkeit der Rahmenvorstellungen, verfügt eine Diversität des jeweiligen Bodens. [...] Die Postmoderne ist diejenige geschichtliche Phase, in der radikale Pluralität als Grundverfassung der Gesellschaften real und anerkannt wird und in der daher plurale Sinn- und Aktionsmuster vordringlich, ja dominant und obligat werden. [...]
> – Die Grunderfahrung der Postmoderne ist die des unüberschreitbaren Rechts hochgradig differenter Wissensformen, Lebensentwürfe, Handlungsmuster. [...] Zu ihrer Anerkennung kommt es auf Grund einer relativ einfachen Schlüsselerfahrung: dass ein und derselbe Sachverhalt in einer anderen Sichtweise sich völlig anders darstellen kann und dass diese andere Sichtweise doch ihrerseits keineswegs weniger «Licht» besitzt als die erstere – nur ein anderes. [...]
> – Die prohibitive Konsequenz und Rückseite dieses prinzipiellen Pluralismus ist seine anti-totalitäre Option. Die Postmoderne plädiert – auf Grund ihrer Erfahrung des Rechts des Verschiedenen und auf Grund ihrer Einsicht in den Mechanismus seiner Verkennung – offensiv für Vielheit und tritt allen alten und neuen Hegemonie-Anmassungen entschieden entgegen. [...] (WELSCH 1991, 4f.)

Dies ist eine sehr allgemeine Umschreibung der Grundtendenz postmoderner Ansätze. Hinzuzufügen sind die Auseinandersetzungen um Subjekt, Vernunft, Geschichtsverständnis. (Die im engeren Sinn philosophischen Fragen klammere ich an dieser Stelle aus.)

Von einiger Bedeutung für die Frage nach der kulturellen Zweigeschlechtlichkeit ist jedoch die philosophische Auffassung des Subjekts. Dieses erscheint nicht als festgefügter Kern und einheitliches Partikel der Gesellschaft, sondern als vielschichtiges und fragmentiertes Gefüge gesellschaftlicher Praktiken, als Effekt sozialer und politischer Prozesse. Geschlecht kann demnach nicht mehr eine Eigenschaft von Personen sein, sondern ist zu verstehen als Produkt gesellschaftlicher Praktiken, deren eine das generative Prinzip der binären Differenzierung ist.

In strikt diskurstheoretischen postmodernen Theorien zerfällt das Subjekt in eine Vielzahl – oft disparater – Subjektpositionen. Betreibt man dies nicht bis zum Absurden eines zusammenhangslosen Sammelsuriums, so kann man anhand der Verbindungen und Konflikte zwischen unterschiedlichen Subjektpositionen Variationen gesellschaftlicher Widersprüche ablesen. Chris Weedon demonstriert, wie in der Theorie an der Auflösung des einheitlichen Subjekts gearbeitet werden kann, ohne die Kritik geschlechtsspezifischer Machtverhältnisse aufzugeben (WEEDON 1990). Die Autorin richtet ihre Aufmerksamkeit auf die Produktion von Subjektpositionen im Kontext gesellschaftlicher Macht-Wissen-Komplexe. Problematisch bleibt allerdings, dass sie dabei die Zweiheit der Geschlechter als Prinzip nicht antastet.

Die bisher genannten Aspekte umreissen die paradigmatische Ausrichtung postmodernen Denkens. Einen weiteren Definitionsversuch, der eher bei Mechanismen und Stilmitteln postmoderner Kultur ansetzt – und im Gegensatz zu Welsch nicht den Anspruch stellt, damit die Postmoderne von der Moderne zu unterscheiden – schlägt Ihab Hassan vor. Er nennt seine Merkmalliste «sozusagen eine parataktische Liste, eine Ausmessung eines kulturellen Feldes» und meint, sie sei «elliptisch, kryptisch, partiell und provisorisch» (HASSAN 1987, 165). Hassan präsentiert also keine abschliessende Charakterisierung der Postmoderne, sondern eine ergiebige Fundgrube, die sich trotz aller Überlappungen und Unklarheiten als scharfsinnige Einschätzung einer kulturellen Strömung erweist.

Die Merkmalliste wird hier ohne den ausführlichen Kommentar Hassans wiedergegeben (vgl. ebenda, 159–165):

1. Unbestimmtheit 2. Fragmentierung 3. Entkanonisierung 4. Ichverlust, Verlust des Innersten 5. Das Unpräsentierbare, Unrepräsentierbare 6. Ironie 7. Hybridisierung 8. Karnevalisierung 9. Performance, Partizipation 10. Konstruktionismus 11. Immanenz.

Ein an diesen Bestimmungsvorschlägen orientierter analytischer Rahmen schliesst von vornherein die Suche nach universellen Erklärungsmustern aus. Statt dessen sollen zum Beispiel Geschlechterverhältnisse als unbestimmte, fragmentarische, partikulare Konstrukte betrachtet werden, deren jeweilige konkrete Ausformungen nicht in globale Theorien zu integrieren – und folglich auch nicht daraus abzuleiten – sind. Aus dieser Sicht macht es weder einen Sinn, die weibliche Moral zu suchen, noch beispielsweise Geschlechterverhältnisse grundsätzlich als Gewaltverhältnisse zu begreifen. Vielmehr wird nach den Grenzen jeden Wissens über Geschlecht gefragt und vermieden, mittels Generalisierung Einheitlichkeiten herzustellen, die unterschiedliche Formen von Wissen oder Erfahrungen bestimmter sozialer Gruppen gewaltsam unterdrücken. Verallgemeinerung wird zwar weiterhin betrieben, jedoch nicht in der Form von Aussagen über «die Frau» oder «den Mann» – oder doch zumindest mit grosser Skepsis und Vorsicht. Von feministischen Wissenschaftlerinnen (und von ImperialismuskritikerInnen) werden Formen diskursiver Unterdrückung, die sich solcher Universalisierung bedienen, seit längerem analysiert und angegriffen. Dennoch besteht auch in kritischen Studien die Gefahr, den kritisierten Mechanismus der Ausschliessung und Deformierung selbst zu reproduzieren – so in allen Studien, die mittels Patriarchatskritik zum Postulat der weiblichen Überlegenheit oder zur Feststellung des generellen weiblichen Nicht-Vorkommens gelangen, ebenso wie in allzu konsistenten Opfer-Täter-Theoremen. Gegen diese Falle mag eine postmoderne Orientierung schützen durch ihre Skepsis «allen alten und neuen Hegemonie-Anmassungen» (Welsch) gegenüber sowie mit ihrer Anerkennung des «unüberschreitbaren Rechts hochgradig differenter Wissensformen, Lebensentwürfe, Handlungsmuster» (Welsch). Diese Orientierung impliziert den Verzicht auf Letztbegründungen und Fragen wie diejenige nach dem allen Frauen oder allen Männern Gemeinsamen ebenso wie auf das ungelöste Problem des politischen Universalsubjekts «Frau» bzw. «Mann». Ins Blickfeld geraten um so mehr Differenzen innerhalb der Geschlechter und die Suche nach lokalen, begrenzten und variablen Gleichheiten und Differenzen, deren Herkunft nicht aus einer immer schon gegebenen Essenz des Geschlechtlichen abgeleitet wird, sondern aus von Fall zu Fall erst zu bestimmenden veränderlichen Bedingungen.

Am grundsätzlichen Pluralismus und unüberschreitbaren Recht differenter Realitätsentwürfe festzuhalten, heisst aber nicht, Eintracht zu behaupten oder eine Vision plötzlichen Friedens beschwören zu wollen. Postmoderne Vielfalt basiert im Gegenteil auf Konflikt und auf der Forderung, Unverträglichkeiten zwischen Differentem auszutragen ohne Zwang zur Assimilation oder Unterwerfung. Kaum ein/e ernstzunehmende/r AutorIn der Postmoderne würde behaupten, anerkannter Pluralismus sei eine unproblematische, friedliche Antwort auf gesellschaftliche Konflikte.[7] Foucault, Lyotard, Derrida, Deleuze und weitere AutorInnen haben immer wieder betont, der Entwurf der Postmoderne verlange lokale Gefechte, verstreute und diskontinuierliche Angriffe, gar «eine Art Guerilla mit Hinterhalten und plötzlichen Überfällen»[8] (LYOTARD 1977, 65). Was jedoch nicht mehr vertreten wird, ist die «Erwartung eines *letzten* Gefechts für die wahre Idee der Versöhnung», wie Brigitte Rau-

7 Eine Ausnahme bildet Peter Koslowski (1988), der in *Die postmoderne Kultur* ein ausgesprochen verklärtes Bild postmoderner Ganzheitlichkeit und Versöhnung zeichnet. Koslowski lässt sich jedoch nicht dem von mir vertretenen, an Welsch angelehnten Verständnis von Postmoderne zuordnen und wird hier deshalb nicht diskutiert.

8 Diesen Ausdruck gebraucht der Autor, um eine Alternative zum frontalen Krieg gegen das männliche Imperium zu skizzieren. Es handelt sich natürlich nicht um eine militärische Aussage, sondern um Kämpfe auf dem Gebiet des Wissens und der Kultur.

schenbach feststellt. Die Autorin betont, die Politikfigur des Differenzdenkens – dem sie alle vier oben genannten Autoren zuordnet – mache vor Aggression und Zerstörung nicht halt (RAUSCHENBACH 1993, 68). Ich meine jedoch, dass sich die postmoderne Option für Pluralismus auch in ihren extremen denkbaren Konsequenzen weniger fatal ausnimmt als auf Universalismen beruhende (letzte) Gefechte. Sie akzeptiert, affirmiert Konflikte, lehnt aber Destruktion und Ausschluss differenter Realitätsentwürfe ab.

## 2. FEMINISTISCHE KRITIK AN POSTMODERNEM DENKEN

Unter feministischen Theoretikerinnen ist die Skepsis gegenüber postmodernem Denken weit verbreitet.[9] Wo diese nicht zur diskussionslosen Ablehnung gerät, wird meist folgendes angegriffen: die Dezentrierung des *Subjekts*, die Problematisierung von *Emanzipationskonzepten*, die Zurückweisung der Vorrangstellung der *Geschlechterdifferenz* vor anderen Differenzen.

Den Hauptgrund für diese Kritik nennt Sandra Harding:[10]

> The point of these critics is that feminists should not adopt the postmodernist agenda because it undermines important feminist projects in significant ways. (HARDING 1990, 99)

9 Eine Zusammenstellung unterschiedlicher Positionen findet sich z.B. in: NICHOLSON (1990).

10 Harding selbst vertritt eine ambivalente Haltung gegenüber der Postmoderne und stellt sich auf den Standpunkt: «At this moment in history, our feminisms need both Enlightenment and postmodernist agendas – but we don't need the same ones for the same purposes or in the same forms as do white, bourgeois, androcentric Westerners.» (HARDING 1990, 101)

Dieses Argument verweist auf die Befürchtung, der Feminismus werde entpolitisiert, wenn er sich mit postmodernen Denkweisen einlasse. Dabei wird häufig die postmoderne Betonung von Pluralität und Relativismus als pure Beliebigkeit missverstanden (dass durchaus Kriterien existieren, zwischen Beliebigkeit und theoretisch durchdachter, gezielter Pluralität zu unterscheiden, zeigt Welsch).

In diese Richtung geht auch Sabina Lovibond, wenn sie fragt:

> If there can be no systematic political approach to questions of wealth, power and labor, how can there be any effective challenge to a social order which distributes its benefits and burdens in a systematically unequal way between the sexes? (LOVIBOND 1990, 173)

Lovibond, die am Ende ihres kritischen Artikels[11] das Vorhaben verwirft, den Feminismus als «feature (or cluster of features) in a postmodern landscape» (ebenda, 179) eingehen zu lassen, ist ein deutliches Beispiel für den Widerstand gegen (tatsächlich mögliche, nicht aber zwingend zu erwartende) Entpolitisierungstendenzen. Ihre Alternative zur Postmoderne:

> Feminists should continue to think of their efforts as directed not simply towards various local political programmes, but ultimatedly towards a global one – the abolition of the sex class system. (ebenda, 178)

Hier zeigt sich, wo die Kluft zwischen Postmoderne und ihren Gegnerinnen in dieser Frage liegt. Dezidierte Ablehnung der Postmoderne in feministischen Kreisen geht meist – vielleicht immer – einher mit dem Festhalten am Konzept einer globalen und systematischen Unterdrückung von Frauen durch Männer. Die-

11 Lovibond untersucht das Verhältnis zwischen Feminismus und Postmoderne. Ihren Ausgangspunkt bilden «some recent examples of anti-Enlightenment polemic and [...] their meaning from a feminist point of view» (LOVIBOND 1990, 154), wobei sie Texte von Jean-François Lyotard, Alasdair MacIntyre und Richard Rorty als Quellen verwendet.

ser theoretische Grundsatz hat in den letzten Jahrzehnten wichtige Ergebnisse hervorgebracht, ist m. E. jedoch nicht mehr haltbar bzw. verliert zunehmend an theoretischer und politischer Produktivität; es zeigt sich immer deutlicher, dass auf dieser Grundlage produziertes Wissen (und Politik) weder Frauen noch Männern gerecht werden kann. Ein rigider dichotomer Täter-Opfer-Blick kann nicht im Interesse der Unterdrückten liegen, da er Opfer wie Täter mittels reduktiver Polarisierung auf die eine Seite der (als besitzbare Ressource verstandenen) Macht fixiert.

An postmodernen Theorien wird kritisiert, dass sie das Subjekt dezentrieren und aufsplittern in eben dem Augenblick, da der Feminismus Frauen als Subjekt in Wissenschaft und Gesellschaft einzusetzen versucht. Eine Variante dieser Argumentation führt Monique Wittig aus, wenn sie sich vehement gegen das Aufgeben des einheitlichen Subjekts einsetzt. In ihrer radikallesbischen Vision plädiert sie für die Aneignung des Universalitätsanspruchs durch Frauen, da nur auf diese Weise dem männlichen Universalitätspostulat begegnet werden könne. (WITTIG 1973)

In ihrer Übersicht über solche Vorbehalte nennt Christine Di Stefano auch den zweiten, nicht zu vernachlässigenden Einwand von Postmoderne-KritikerInnen wie Nancy Hartsock:

> Why is it, just at the moment in Western history when previously silenced populations have begun to speak for themselves and on behalf of their subjectivities, that the concept of the subject and the possibility of discovering/creating a liberating «truth» become suspect? (DI STEFANO 1990, 75)

Zur Dekonstruktion des Subjekts hinzu tritt das Problem mit der (verbindlichen) Wahrheit. Die vor allem von Jean-François Lyotard forcierte Absage an universelle legitimatorische und emanzipatorische Diskurse – die grossen Erzählungen oder Metadiskurse (vgl. LYOTARD 1986) – stellt in der Tat feministische Diskurse vor schwerwiegende Probleme, da auf dieser

Grundlage der feministische Anspruch auf die Befreiung aller Frauen selbst legitimationsbedürftig wird.

Problematisch scheint mir bei Kritiken dieser Richtung das häufige Vermischen unterschiedlicher Argumentationsebenen. Die Absage an ein einheitliches Subjekt stammt aus der philosophischen und metatheoretischen Kritik an der Aufklärung und deren Konzeption eines rationalen Subjekts. Wenn TheoretikerInnen daraus ableiten, Frauen oder anderen Personengruppen werde erneut ihre Denk- und Handlungsfähigkeit oder -berechtigung abgesprochen, so verwechseln sie eine theoretische Aussage mit einem politischen Programm. Keine postmoderne Perspektive liquidiert das Subjekt in dieser Weise. Es handelt sich vielmehr um einen Angriff auf Rationalität und Einheitlichkeit als Definitionsmerkmale von in komplexen pluralistischen Gesellschaften lebenden Personen. Meiner Meinung nach führt das, was die Postmoderne dem Feminismus bietet, entschieden weiter als konservative Rettungsszenarien. Schliesslich schafft sie das Subjekt nicht ab, sondern ersetzt es durch Konzepte pluraler Subjektivitäten. Damit werden bisher zum Schweigen gebrachte Bevölkerungsgruppen gerade nicht der Möglichkeit beraubt, ihre eigenen Wahrheiten zu formulieren. Das einzige, worauf alle verzichten müssen, ist der Anspruch auf eine oberste und einzige Wahrheit. In einem solchen Rahmen kann kein Geschlecht beanspruchen, das eine oder andere global und gültig zu definieren und zu beherrschen.

Als pluralistische Denkweisen sind postmoderne Ansätze demokratischer – aber auch konfliktreicher – ausgerichtet als universalisierende Diskurse. Sie räumen unterschiedlichen Wirklichkeiten das Recht auf eine eigenständige Existenz ein, d.h. sie verfolgen nicht das Ziel, differente Wissens- und Lebensentwürfe in einem einzigen übergeordneten Konzept unterzubringen und aufzulösen. In diesem Sinne führt die oben dargestellte Kritik einen verfehlten Angriff gegen die Postmoderne gerade zuungunsten der «previously silenced populations». Postmodernes Denken nämlich stellt sich auf den Standpunkt, «liberating truth» sei nur lokal – in bestimmten räumlichen und zeitlichen Verhältnissen – möglich und legitim, nicht aber als fremdbestimmter globaler Emanzipationsdiskurs. Im Sinne Lyotards ist letzterer als nicht legitimierbarer diskursiver Übergriff zu werten.[12] Gewiss würden an globalen Befreiungsdiskursen festhaltende TheoretikerInnen den Vorwurf des diskursiven Übergriffs nicht akzeptieren. Der Vorwurf behält jedoch seine Berechtigung, weil in den heutigen hochdifferenzierten Verhältnissen eine global gültige Definition dessen, was für Frauen (oder irgendeine andere gesellschaftliche Gruppe) befreiend ist, nicht möglich sein kann – es sei denn um den Preis grober Ethnozentrismen, Rassismen, Sexismen und einer erneuten Ausklammerung nicht in den gemeinsamen Nenner integrierbarer Entwürfe.

Zur Legitimationsbedürftigkeit feministischer Emanzipationserzählungen[13] schliesslich würde ich meinen, dass diese weder neu noch unbedingt hinderlich ist. Lyotard geht in seiner Ablehnung der Emanzipationsidee ziemlich weit (dies relativiert sich jedoch, wenn seine Schriften als Aufklärungs- und Fortschrittskritik gelesen werden). Andere, wie Foucault, verwerfen nicht jeden Gedanken an Befreiung. Der Feminismus jedenfalls – darin haben Postmoderne-KritikerInnen zweifellos recht – kann

12 Trotz der übrigen Differenzen treffen sich hier die meisten Postmodernen. Ein in die Praxis umgesetztes Beispiel dafür ist Foucaults Engagement zugunsten der Strafgefangenen, das vermied, für diese (fremdbestimmte) Verbesserungen anzustreben und ihnen statt dessen die Möglichkeit eröffnen sollte, ihre eigenen Wahrheiten zu formulieren und zu vertreten.

13 Der Begriff Emanzipationserzählung wurde von Lyotard eingeführt und bezeichnet Befreiungsdiskurse, auf deren Grundlage politische oder soziale Veränderungen bewirkt werden sollen. Zum Begriff der Erzählung vermerkt Lyotard: «Diese Erzählungen sind keine Mythen im Sinne von Fabeln (selbst die christliche Erzählung nicht). Zwar haben sie wie die Mythen das Ziel, Institutionen, soziale und politische Praktiken, Gesetzgebungen, Ethiken, Denkweisen zu legitimieren. Aber im Unterschied zu den Mythen suchen sie die Legitimität nicht in einem ursprünglichen, begründenden Akt, sondern in einer einzulösenden Zukunft, das heisst in einer noch zu verwirklichenden Idee [...] (der Freiheit, der ‹Aufklärung›, des Sozialismus usw.).» (LYOTARD 1987, 32f.)

darauf nicht verzichten. Also muss im Rahmen postmoderner Diskurse definiert werden, wie Befreiung gefasst werden kann. Dies kann heute endgültig nicht mehr mittels Rückgriff auf das Argument des universellen Opferseins von Frauen geschehen, wohl aber mit Hilfe von Machttheorien, die Patriarchatskritik ermöglichen, ohne die Positionen zwischen den Geschlechtern zu rasch und zu dauerhaft festzulegen.

Eine der hierfür tauglichsten Zugänge ist die Machtanalytik Michel Foucaults.[14] In seiner Sicht stellt sich die Frage nach Befreiungen nicht als Frage des Eliminierens von Beherrschung, sondern als strategisches Problem. Es wird möglich, ohne universelle Emanzipationsdiskurse Orte der Macht zu benennen und Gegendiskurse zu entwerfen. Zwar können diese Gegendiskurse Macht nicht beseitigen – Macht im Foucaultschen Sinn ist ein relationaler Begriff und Teil aller sozialen Verhältnisse –, sie können jedoch in bestehende Kräfteverhältnisse eingreifen und diese verschieben. Übertragen auf das Feld der Geschlechter heisst dies: Es geht nicht um die Beseitigung der Macht des einen Geschlechts über das andere, sondern um eine Analyse der Kräfteverhältnisse ohne eine zum voraus theoretisch bestimmte Polarität und um das anschliessende Formulieren der je spezifischen Befreiungen, die im Rahmen bestimmter Bedingungen angestrebt werden können. Auf diese Weise wird der Metadiskurs geschlechtsspezifischer Emanzipation preisgegeben zugunsten beweglicherer, spezifischer Diskurse über vielfältige Kämpfe innerhalb eines Dispositivs der Macht, aus dem mittels Emanzipation herauszutreten grundsätzlich unmöglich ist.

14 Foucault hat diese am Beispiel der historischen Entwicklung des Gefängnisses, der Sexualität und der Klinik entwickelt und angewandt (vgl. FOUCAULT 1977, 1983, 1990). Zur Methode seiner Analytik vgl. die Aufsatz- und Gesprächssammlungen *Mikrophysik der Macht* (1976) und *Dispositive der Macht* (1978).

Neben den beiden angesprochenen gibt es noch einen dritten wichtigen Einwand feministischer Postmoderne-Kritikerinnen: Postmoderne Diskurse schwächen die Bedeutung der Geschlechterdifferenz, indem sie diese zu einer Differenz unter anderen erklären. Der Verzicht auf die Vorrangstellung der Kategorie Geschlecht könne zu einer erneuten Schwächung des im politischen und wissenschaftlichen Bereich für Frauen Erreichten führen. Zu den Kritisierten gehört beispielsweise Baudrillard mit seiner Forderung:

> Es ist also notwendig, die Vorzugsstellung der Geschlechterdifferenz zurückzuweisen, die wir ihr fälschlicherweise eingeräumt haben, zumal sie heute selbst beginnt, sich abzunutzen und sich aufzulösen. Die Sexualität, die niedrigste Form der Differenz, ist der totalen Indifferenz am nächsten.
>
> Es gäbe also unter den hier angesprochenen Figuren (Verführung/Liebe/Sex) eine Art Abstufung der differentiellen Energie, eine gewisse Abnutzung der Intensitäten:
>
> – Die Verführung ist das Stadium einer *ästhetischen und zeremoniellen* Differenz der Geschlechter.
> – Liebe und Leidenschaft bilden das Stadium einer *moralischen und pathetischen* Differenz zwischen den Geschlechtern.
> – Die Sexualität ist das Stadium einer *psychologischen, biologischen und politischen* Differenz zwischen den Geschlechtern (doch immer schwächer werdend und einer totalen Indifferenz nahe). (BAUDRILLARD 1982, 355)

Was den Bedeutungsverlust der Geschlechterdifferenz in pluralistischen Theorien betrifft, so ist mit Blick auf Baudrillard Postmoderne-Skepsis angebracht. Keine feministische Theorie kann Baudrillards Idee akzeptieren, die politische Differenz zwischen den Geschlechtern sei einer totalen Indifferenz nahe. Diese Sicht ist nicht im postmodernen Denken an sich angelegt, findet sich jedoch tatsächlich relativ häufig in postmodernen Ansätzen. Schliessen lässt sich daraus allerdings nicht viel mehr, als dass auch postmoderne Autoren zum Androzentrismus fähig sein können. Im Fall von Baudrillard kann nicht behauptet werden, er sei generell androzentrisch; an der oben zitierten Stelle zieht er jedoch einen offenkundig falschen Schluss aus einer interessanten Ausgangslage:

> Man muss die Mystifizierung denunzieren, die die sexuelle Differenz als ursprüngliche, fundamentale Differenz ausgibt, von der alle übrigen sich herleiten oder deren Metaphern sie sind, während sie selbst in der Biologie gründet, also eine nicht hinterfragbare Wahrheit sein soll. (BAUDRILLARD 1982, 354)

Die Denunziation dieser Mystifizierung sollte in einer postmodernen Perspektive nicht selbst zur Indifferenz führen, sondern zur Untersuchung vielfältiger Differenzen jenseits der Idee, es müsse eine dieser Differenzen die ursprünglichste sein.

Im weiteren ist zu Baudrillard anzumerken, dass er sich dem Thema Geschlecht gegenüber auch keineswegs indifferent verhält. So befasst er sich beispielsweise in seiner Verführungstheorie (BAUDRILLARD 1992) ausgedehnt mit der symbolisch-kulturellen Seite der Kommunikation zwischen Männlichem und Weiblichem. Diese Theorie, die Verführung – nicht nur im erotischen Bereich, sondern auch im Rahmen der übrigen Interaktion – als ein zeremonielles Spiel fasst, als ein Duell um den reinen Schein, entwirft ein Symbolisches der Geschlechterkommunikation, das jegliche Fixierung geschlechtsspezifischer Zuschreibungen vermeidet. Dieser postmoderne Blick löst jede Essentialität von Geschlecht auf, was sich auf das Denken über Geschlecht nur förderlich auswirken kann.

Dennoch möchte man an Baudrillard den dualen, strikt heterosexuell anmutenden Ansatz kritisieren; die Kritik braucht jedoch nicht allzu heftig auszufallen, da Baudrillard genügend Raum lässt, seine Konzeption an anderen – z. B. nicht heterosexuellen oder polygeschlechtlichen – Kontexten zu versuchen. Ich werde in der Diskussion um Parodie und Travestie darauf zurückkommen.

Wie TheoretikerInnen wie Baudrillard mit dem Thema Geschlecht verfahren, ist für feministische Perspektiven interessant. Baudrillards sonst konsequenter Pluralismus greift die Dualität der Geschlechter nicht an – hier könnten dekonstruktive Diskurse ansetzen –, denaturalisiert sie aber mit Hilfe einer Theorie der Zeichenzirkulation und des Spiels mit dem (sinnlosen) Symbolischen – dem Schein – und entleert damit das Männliche wie das Weibliche aller fassbaren Bedeutung. Baudrillards Ansatz ist für Feministinnen zwiespältig, etwa wenn er behauptet, «dass die Frau nichts ist und dass darin ihre Macht liegt» (BAUDRILLARD 1992, 25), und vom Männlichen sagt, es sei «nie anders als rückständig gewesen» (ebenda, 27). Liest man sich durch seine Verführungstheorie, so wird deutlich, dass er ständig die Bedeutungen verschiebt, abwandelt, manchmal auch umkehrt und zudem das eine Mal von Frauen / Männern spricht, das andere Mal wieder «das Weibliche nicht eigentlich als Geschlecht betrachtet» (ebenda, 27). Baudrillard lässt sich nicht festlegen, und er legt keine Bedeutungen über (Zwei-)Geschlechtlichkeit fest. Seine Theorie offeriert auf diese Weise zahlreiche Lesarten – eine reichhaltige Dekonstruktion symbolischer Geschlechterverhältnisse, die sich selbst wiederum dekonstruieren liesse –, die für feministische Ansätze teilweise nutzbar sind: unter der Voraussetzung, dass die festgeschriebene Grunddifferenz zugunsten nicht mit Sicherheit bestimmbarer pluraler Differenzen und Positionen aufgegeben wird.

Doch zurück zur feministischen Kritik an der Zurücksetzung oder Abwertung der Geschlechterdifferenz in (einigen) postmodernen Ansätzen. Ich teile diese Kritik dort nicht, wo sie sich an die Ursprünglichkeit oder auch nur Vorgängigkeit dieser Differenz vor anderen Differenzen klammert. Dieses Festhalten an der Ursprünglichkeit der Geschlechterdifferenz blockiert feministische Theoriebildungsprozesse und verhindert, dass die Spiele vielfältiger Differenzen von wechselnden Orten aus betrachtet und analysiert werden können. Wo sich jedoch postmoderne Ansätze der Geschlechterthematik verschliessen oder dadurch entledigen, dass sie sie für gelöst bzw. verschwunden erklären, ist Kritik angebracht und der Verdacht gerechtfertigt, es werde einmal mehr hinterrücks eine fragwürdige androzentrische Neutralität installiert.

# III Das Dispositiv der Geschlechter

## 1. ELEMENTE DES DISPOSITIVS

Ich habe zu Anfang Hagemann-Whites Begriff *kulturelles System der Zweigeschlechtlichkeit* (HAGEMANN-WHITE 1984, 78 ff.) eingeführt. In Verbindung mit einer postmodernen Perspektive kann darunter kein geschlossenes System begriffen werden. Hagemann-White schreibt mit Bezug auf Kessler/McKenna, Martin/Voorhies und Ortner/Whitehead:

> Wie diese anthropologischen Arbeiten verdeutlichen, müssen wir die Kategorien Frau/Mann selbst als Symbole in einem sozialen Sinnsystem begreifen. (HAGEMANN-WHITE 1984, 79)

Der Begriff System (der Zweigeschlechtlichkeit) legt relative Geschlossenheit oder zumindest abschliessende Definierbarkeit nahe; er ist ausserdem in dem Sinne neutral, als er Fragen nach Macht, Dominanz und Unterwerfung tendenziell ausklammert. Aus diesen Gründen ziehe ich es vor, anstatt des Begriffs System den Begriff *Dispositiv* zu verwenden. Das Dispositiv verweist weniger auf klare Strukturen und relative Geschlossenheit; es betont strategische Aspekte sowie das Zusammenspiel diskursiver und nichtdiskursiver Praktiken, die Funktionsweisen heterogener Elemente und deren prinzipielle Beweglichkeit. Dieser Begriff umreisst ausserdem besser als derjenige des Systems die beiden

Aspekte kultureller Phänomene, die oben mit der Unterscheidung zwischen symbolischer Praxis und existentieller Praxis eingeführt wurden.

Was Foucault unter Dispositiv versteht, ist eine strategische Fragen betonende Perspektive der Zusammenhänge zwischen Wissen und Macht.[15] Er unterscheidet drei Akzentuierungen (von denen die erste in meinen bisherigen Ausführungen überwiegt; die beiden übrigen kommen im Kapitel zur Kindergynäkologie verstärkt zur Sprache):

> Was ich unter diesem Titel [Dispositiv] festzumachen versuche, ist *erstens* ein entschieden heterogenes Ensemble, das Diskurse, Institutionen, architektonische Einrichtungen, reglementierende Entscheidungen, Gesetze, administrative Massnahmen, wissenschaftliche Aussagen, philosophische, moralische oder philanthropische Lehrsätze, kurz: Gesagtes ebensowohl wie Ungesagtes umfasst. [...] Das Dispositiv selbst ist das Netz, das zwischen diesen Elementen geknüpft werden kann.
> *Zweitens* möchte ich in dem Dispositiv gerade die Natur der Verbindung deutlich machen, die zwischen diesen heterogenen Elementen sich herstellen kann. So kann dieser oder jener Diskurs bald als Programm einer Institution erscheinen, bald im Gegenteil als ein Element, das es erlaubt, eine Praktik zu rechtfertigen und zu maskieren, die ihrerseits stumm bleibt, oder er kann auch als sekundäre Reinterpretation dieser Praktik funktionieren, ihr Zugang zu einem neuen Feld der Rationalität verschaffen. Kurz gesagt gibt es zwischen diesen Elementen, ob diskursiv oder nicht, ein Spiel von Positionswechseln und Funktionsveränderungen, die ihrerseits wiederum sehr verschieden sein können.
> *Drittens* verstehe ich unter Dispositiv eine Art von – sagen wir – Formationen, deren Hauptfunktion zu einem gegebenen historischen Zeitpunkt darin bestanden hat, auf einen Notstand (urgence) zu antworten. Das Dispositiv hat also eine vorwiegend strategische Funktion [...]. (FOUCAULT 1978, 119f.)

15 Eine Anwendungsmöglichkeit des Begriffs Dispositiv hat Foucault in seiner Arbeit *Der Wille zum Wissen – Sexualität und Wahrheit I* (1983) durchgespielt.

Ein Dispositiv der Zweigeschlechtlichkeit ist demnach ein historisch entstandenes Ensemble aus heterogenen Elementen wie wissenschaftlichen, religiösen, juristischen, alltagstheoretischen Diskursen über Geschlecht, räumlichen Arrangements zwischen Privatheit und Öffentlichkeit, Praktiken der Kindererziehung, Regeln des alltäglichen Zusammenlebens zwischen Personen unterschiedlicher Altersgruppen, Regelungen der Arbeitsteilung usw. Es geht nicht darum, das, was sich heute als Geschlecht präsentiert, auf einen dieser Faktoren zurückzuführen, sondern darum, das Netz aufzuspüren, das aus den unterschiedlichsten Verbindungen dieser Elemente das in seiner Gesamtheit relativ dauerhafte Dispositiv der Geschlechter produziert.

Als kulturelles Phänomen lässt sich das Dispositiv der Zweigeschlechtlichkeit unter verschiedenen Aspekten betrachten. Ich greife davon drei heraus: das *generative Prinzip*, den *Wissenshorizont* sowie die gesellschaftlichen *Praktiken*, die zu unterschiedlichen Manifestationen von Geschlecht führen. Das *generative Prinzip* innerhalb des Dispositivs ist eine Spielregel, die zur Vergeschlechtlichung und zum Positionsbezug zwingt. Diese Regel lässt es nicht zu, Personen wahrzunehmen, ohne nach ihrem Geschlecht zu fragen; ebensowenig kann sich jemand darstellen, ohne sich in Bezug zu setzen zu irgendeiner Form von Geschlechtlichkeit. Einen Effekt dieses generativen Prinzips illustriert Tyrell, wenn er vom zweigeschlechtlichen Erkennungsdienst spricht:

> Wie operiert der zweigeschlechtliche Erkennungsdienst? Auffällig ist die Vielfalt kumulativ anfallender, einander wechselseitig bestätigender Indizien, denen ein «auf einen Blick» verstehbarer geschlechtsspezifischer Aussagesinn zukommt. Wir lesen die Geschlechtszugehörigkeit des «alter ego» an der leiblichen Erscheinung, den «body outlines», an Gestalt und Bewegung, an Gestik und Mienenspiel, Kleidung, Frisur, Schmuck usw. ab, und das früh geschulte Sensorium macht das Geschlecht noch am Hören der Stimme, ja im Blick auf die Schrift nahezu zweifelsfrei aus. (TYRELL 1986, 463)

Der Klassifikation und Vergeschlechtlichung kann sich niemand entziehen. Nicht einmal dort, wo Irritationen entstehen oder die Zuschreibungspraxis bewusst in Verwirrung gebracht wird, lässt sich die Spielregel hintergehen. Wo sich Zweifel und Unsicherheit bezüglich der Geschlechtszugehörigkeit einstellen, setzt sich das Prinzip immer noch insofern durch, als es zwingt, die Frage nach dem Geschlecht zu stellen, und Gleichgültigkeit nicht erlaubt. Dasselbe gilt aus der Perspektive der ein Geschlecht inszenierenden Person; auch sie kann sich dem Sinnsystem gegenüber weder gleichgültig verhalten, noch kann sie es einfach verlassen und sich entscheiden, keinen Bezug dazu herzustellen bzw. herstellen zu lassen. In diesem Sinne behauptet diese Spielregel ihre Universalität.

Der *Wissenshorizont* des Dispositivs der Zweigeschlechtlichkeit setzt sich zusammen aus all den unzähligen Aussagen, deren Erfindung das oben genannte generative Prinzip z. B. deshalb anregen muss, weil ohne spezifisches Wissen der Erkennungsdienst nicht funktionieren kann. Dies sind zum einen alltägliche (deskriptive und normative) Aussagen über Eigenschaften der Geschlechter, zum anderen aber auch Diskurse, die in gesellschaftlichen Institutionen produziert werden. Dazu tragen sämtliche Institutionen bei, von der Wissenschaft bis hin zu Militär, Medien, Gerichten, Schulen, Kirchen usw. Das verfügbare (verbalisierte oder in bildlicher Form vorhandene) Wissen ist heterogen und unsystematisch, weist aber die Gemeinsamkeit auf, dass es sich am generativen Prinzip der Zweigeschlechtlichkeit orientiert.

In welcher Weise das Wissen kursiert und wozu es benutzt wird, ist nicht im Wissen selbst angelegt, sondern bestimmt sich über jeweils aktuelle gesellschaftliche (Macht-) Situationen.

Unter die gesellschaftlichen *Praktiken* schliesslich fallen Inszenierungsweisen von Geschlecht sowie Identifizierungsmethoden (wie der oben erwähnte Erkennungsdienst), Sanktionierungstechniken für Aussehen, Verhalten oder Berufswahl, aber auch räumliche Geschlechtertrennung/-durchmischung, die Einrichtung der heterosexuellen Ehe, die Gewohnheit, das Geschlecht spätestens bei der Geburt verbindlich zu bestimmen und die Namensgebung geschlechterdifferent zu handhaben usw.

Im Dispositiv der Geschlechter können unzählige Praktiken zur Anwendung kommen. Da sie meistens über einen hohen Grad an Habitualisierung und Selbstverständlichkeit verfügen, werden das zugrunde liegende generative Prinzip oder der entsprechende Wissenshorizont kaum je problematisiert. Eine Ausnahme bildet hier die Kritik der Frauenbewegung an der Festlegung von Frauen auf bestimmte soziale Rollen, Bilder, Räume. Obwohl die Frauenbewegung die Geschlechterverhältnisse angreift, bleibt sie indessen selbst Teil des Dispositivs der Zweigeschlechtlichkeit; sie hat jedoch neue Praktiken der Vergeschlechtlichung erfunden – z. B. Selbsterfahrungsgruppen, Erschliessung neuer Räume und Berufe für Frauen – und das Dispositiv dadurch gezwungen, seinerseits zu reagieren und einzelne Praktiken aufzugeben, andere der veränderten Situation anzupassen.

Die drei dargestellten Bereiche bedingen sich gegenseitig, wobei der Wissenshorizont stärker mit der symbolischen Praxis verbunden ist; die gesellschaftlichen Praktiken – im Sinne produktiver Handlungen – verbinden sich eher mit der existentiellen Praxis; das generative Prinzip schliesslich durchdringt beide Bereiche.

Tendenziell ist im Dispositiv der Geschlechter eine universalisierte, naturalisierte Binarität vorgesehen. Spielräume existieren jedoch und lassen Abweichungen und Abwandlungen zu, wie beispielsweise die Travestie. Gewiss steht diese nicht ausserhalb des Systems der Zweigeschlechtlichkeit; darin restlos unterbringen lässt sie sich jedoch auch nicht. Transvestiten sind Personen, die für begrenzte Zeit eine eigene Geschlechtskategorie kreieren.

In solchen Fällen gestattet das System mehr oder weniger weite Spielräume, so dass die Aussage, Geschlecht sei eine naturgegebene, exklusive und lebenslänglich beibehaltene, strikt binäre Erscheinung, nicht die uneingeschränkte Gültigkeit besitzt, die ihr die (alltäglichen und wissenschaftlichen) Theorien der Zweigeschlechtlichkeit zuweisen möchten. Ähnlich verhält es sich mit dem Phänomen Transsexualität; auch hier finden Phasen statt, in denen keine eindeutige Geschlechtsdefinition möglich ist bzw. in denen ein Geschlecht ausserhalb des binären Rahmens des Männlichen und Weiblichen existiert. Überdies zeigt die Transsexuellen-Forschung, dass bei Personen, die sich nach einer Geschlechtsumwandlung häufig – vielleicht nur in bestimmten Kontexten – weiterhin als Transsexuelle, nicht als Frauen oder Männer bezeichnen, Ansätze zur Schaffung eines eigenen Geschlechts bestehen. Offene Fragen wirft in diesem Zusammenhang auch die Homosexualität auf. Es kann nicht ohne weiteres davon ausgegangen werden, dass die Geschlechtskonstruktionen der Homosexuellen mit denjenigen der Heterosexuellen übereinstimmen. Darauf verweisen beispielsweise die in gewissen historischen Phasen gebräuchliche Bezeichnung von Homosexuellen als drittes Geschlecht[16] sowie TheoretikerInnen wie Monique Wittig (vgl. BUTLER 1991, 165–189) mit ihrer Auffassung, Lesben seien keine Frauen, da die Frau nur in einer binären, gegensätzlichen Beziehung zum Mann – also heterosexuell bestimmt – existiere.

Im folgenden werden einige Ausschnitte des Dispositivs in den Blick genommen. Der Schwerpunkt liegt bei den Zusammenhängen zwischen Geschlecht und Körper sowie in der Frage nach der Binarität und deren Grenzen.

16 Vgl. KOKULA/BÖHMER (1991). Diese Studie über den Zusammenschluss lesbischer Frauen in der Schweiz der 30er Jahre basiert auf der Auswertung von Zeitschriften und Vereinsprotokollen homosexueller Gruppierungen. Wie diese zeigen, war der Begriff drittes Geschlecht zu jener Zeit gebräuchlich (häufiger taucht jedoch die Bezeichnung Artgenossinnen/Artgenossen auf; auch diese verweist jedoch nicht nur auf unterschiedliche Sexualitäten, sondern auf bestimmte Geschlechtskonstruktionen).

## 2. SOZIALWISSENSCHAFTLICHE KÖRPERKONZEPTE

Die Frage, wie Körper theoretisch gefasst werden, ist von zentraler Bedeutung für Geschlechterdiskurse. Es existieren nur wenige Konzepte, die explizit den Körper als sozialen Tatbestand aufgreifen.

Die Diskussion um den Körper findet zur Zeit eher in der Philosophie und der Anthropologie statt als in den Sozialwissenschaften. Ein Produkt dieser Auseinandersetzung ist z. B. die These von der Wiederkehr des Körpers (vgl. KAMPER/WULFF 1982), die sich mit einer möglichen Aufhebung der kulturellen Spaltung zwischen Körper und Geist und der darauf beruhenden Beherrschung des Körpers befasst. Dieser Argumentationsrichtung zugrunde liegt die – in ihrer modernen Version von Nietzsche eingeleitete – Kritik an der jahrhundertelangen Ausklammerung und Unterordnung des Körpers in Philosophie und Kulturtheorie.

Innerhalb der Sozialwissenschaften haben sich in den letzten Jahrzehnten vornehmlich (interdisziplinäre) feministische Ansätze um Körperkonzepte bemüht, als sie sich mit dem Problem der traditionellen Naturalisierung/ Biologisierung von Weiblichkeit konfrontiert sahen. Doch wurde auch hier lange Zeit die übliche Arbeitsteilung zwischen Natur- und Sozialwissenschaften respektiert und die Zuständigkeit der Biologie für den Körper anerkannt.

Mit der Entwicklung der sex/gender-Konzepte schlich sich diese Teilung (unbeabsichtigterweise) ein weiteres Mal ein und spaltete nun das Geschlecht selbst in einen biologisch-natürlichen und einen sozialen Teil. Der Körper blieb der Naturwissenschaft zugeordnet mit dem Effekt, dass kaum eine Geschlechtertheorie auf eine Stellungnahme zur Biologie zu verzichten wagte.

In neuerer Zeit schwächt sich dies etwas ab; theoretische Ansätze bestehen verstärkt auf einem sozialwissenschaftlichen Zugang auch zum Körper.[17] Diese Emanzipation von der Biologie macht es erst möglich, Zweigeschlechtlichkeit als soziales Phänomen zu fassen, ohne in die Zwickmühle zu geraten, den Körper entweder für irrelevant erklären oder ihm als aussersozialer Grundlage einen determinierenden Vorrang in der Geschlechterdiskussion einräumen zu müssen.

Ursula Streckeisen teilt Theorien, die den Körper als Ergebnis sozialer Prozesse begreifen, in drei Strömungen ein:

> Ansätze, die [...] der Idee verpflichtet sind, wonach gesellschaftliche Regeln an biologische Fakten «anknüpfen», lassen sich zwei Ausrichtungen zuordnen, die – ohne einen eigentlichen Gegensatz zu bilden – unterschiedliche Akzente setzen. Die erste stellt die kulturelle *«Überformung» biologischer Gegebenheiten* ins Zentrum, die zweite kreist um die *Transformation der Natur* durch gesellschaftliche Praxis.
> Sozialwissenschaftliche Vorstellungen der ersten Ausrichtung enthalten den Gedanken der Verstärkung des Biologischen, aber auch jenen der Abschwächung; schliesslich gibt es die Variante, wonach Gesellschaft der Biologie entgegenwirkt. [...] Vertreter der zweiten Ausrichtung [sehen den Zusammenhang wie folgt:] Die Natur, die durch die Gesellschaft einer Transformation unterzogen wird, bekommt neue Gestalt und wird als Verändertes in die – ebenfalls veränderte – Praxis eingegliedert.
> [...] Beide Ausrichtungen, jene der Überformung wie jene der Transformation von Natur, unterstellen letztlich einen ausserkulturellen Tatbestand. Eben dies wird von einer dritten Stossrichtung in Frage gestellt, die ich im folgenden vereinfachend *«konstruktivistisch»* nennen werde. Sie greift auf ethnomethodologische und interaktionistische Ansätze zurück und geht davon aus, dass es weibliche und männliche Physis für uns nicht in gesellschaftlich voraussetzungsloser Reinkultur

17 Nicht zu vergessen ist dabei allerdings, dass andernorts Bestrebungen zu einer erneuten bzw. verstärkten Besetzung und Beanspruchung des Körpers durch die Naturwissenschaften bestehen, so v.a. im Zusammenhang mit Gen- und Reproduktionstechnologien.

> gibt. Sobald wir unsere Aufmerksamkeit auf sie lenken, hat sie aufgehört, natürlich und «unbezeichnet» zu sein, sondern wird interpretiert. Der Körper existiert für uns nur in sozialer Vermittlung, als Ergebnis von Formierung und Bearbeitung. (STRECKEISEN 1991, 155f., Hervorhebungen I. S.)

Als Vertreter der ersten Richtung nennt Streckeisen Erving Goffmann (1977) sowie Hartmann Tyrell (1986), der zweiten Variante ordnet sie Bob Connell (1986) zu, der dritten schliesslich Barbara Duden (1987) sowie – bezüglich der «wissenschaftlichen Seite dieses Prozesses» – Michel Foucault. Diesen beiden hinzufügen würde ich Carol Hagemann-White. Sich selbst verortet Streckeisen ebenfalls in der konstruktivistischen Ausrichtung, allerdings «ohne deren grundlagentheoretische Position voll zu teilen» (ebenda, 156).

Ihre Darlegung dieser Position fällt allerdings nicht sehr präzis aus; dies mag ein Resultat ihrer Distanzierung von deren grundlagentheoretischen Annahmen sein. Wenn Streckeisen davon ausgeht, «dass es weibliche und männliche Physis für uns nicht in voraussetzungsloser Reinkultur gibt» und zudem von «Formierung und Bearbeitung» spricht, so umreisst sie eher den Transformationsansatz als den konstruktivistischen. Letzterer würde behaupten, männliche und weibliche Physis seien soziale Konstrukte in ihrer gesamten Existenz und nicht nur bezüglich ihrer Interpretation; sie würden *hergestellt* und nicht bearbeitet. Die Frage nach ihrer Reinkultur kann nicht gestellt werden, wenn ausserhalb der Konstruktion nichts existiert.

In den ersten beiden Strömungen steht der Zusammenhang zwischen Natur und Kultur im Zentrum der Körperthematisierung, während die dritte Position die Gegenüberstellung von Kultur und Natur verwirft und Natur selbst als kulturelle Setzung auffasst. Auf erkenntnistheoretischer Ebene besteht damit eine deutliche Kluft zwischen Überformungs-/Transformationsansatz und Konstruktivismus. In ihren Ergebnissen unterscheiden sich diese Zugangsweisen jedoch weniger deutlich. Der Konstruktivismus geht einen Schritt weiter als die beiden übrigen Richtungen und kann somit deren Ergebnisse für seine eigenen Analysen verwenden mit der Modifikation, dass er physiologische Gegebenheiten, die den anderen als Ausgangspunkt dienen, ebenfalls als Konstrukte analysiert.

Dies soll an dieser Stelle besonders in bezug auf Tyrell hervorgehoben werden, der weder strikt konstruktivistisch noch nach postmodernen Analysemethoden verfährt. Seine Aussagen zur zweigeschlechtlichen Klassifikation behalten ihre Gültigkeit, auch wenn man die klassifizierten Merkmale selbst bereits als soziale Konstrukte fasst.

Da hier die konstruktivistische Ausrichtung im Mittelpunkt steht, ziehe ich zur Verdeutlichung dieser Position bezüglich körperlicher Realitäten nochmals Hagemann-White heran:

> Zweifellos gibt es Körpereigenschaften, die mit der Fortpflanzung enger oder entfernter zusammenhängen, jedoch ist ihre Beachtung und ihre Verwendung als Massstäbe für einen Primärstatus der Geschlechtszugehörigkeit offensichtlich variabel und von gesellschaftlichen Bedingungen abhängig.
> Diese Infragestellung der selbstverständlichen Zweigeschlechtlichkeit bedeutet nun keineswegs eine Unterschätzung der Körperlichkeit, sondern vielmehr ein geschärftes Bewusstsein der dichotomen Optik, mit der sie in unserer Kultur wahrgenommen und gelebt wird. Selbst gesellschaftlich bedeutsame Merkmale wie das Gebären oder die als Zeichen der Gebärfähigkeit wahrgenommene Menstruation gelten weder für alle «Frauen» noch für irgendeine Frau immer. Nicht ihre Realisierung, sondern die Vermutung ihrer Möglichkeit ist mit der Geschlechtszugehörigkeit verknüpft. Die Zweigeschlechtlichkeit ist zuallererst eine soziale Realität. (HAGEMANN-WHITE 1988, 229)

Hagemann-White betont die symbolische Praxis, die Anwendung eines bestimmten gesellschaftlichen Wissenshorizontes auf Körper. Demgegenüber hebt Tyrell aus seiner interaktionsorientierten Perspektive verstärkt die Techniken der Einkörperung hervor, so beispielsweise in seinen Ausführungen zur Transsexualität (TYRELL 1986). Beide vertreten trotz ihrer grundlagentheoretischen Differenzen ein ähnliches Konzept, in dem der Körper nicht schlicht als aussersoziale Materialität fungiert. Der Schwerpunkt liegt bei der kulturellen Optik und der Herstellung bestimmter geschlechtlicher Körperverhältnisse, die – nicht nur bei Transsexuellen – materielle physiologische Formungsprozesse einbegreifen.

Eine weitere Autorin, die sich in diese Tradition einreihen lässt, die Akzente jedoch etwas anders setzt, ist Gesa Lindemann. Sie entwickelt

> ausgehend von Plessners Begriff der «exzentrischen Positionalität» [...] zwei Thesen [...]: 1. Affektivität und Leiblichkeit sind von zentraler Bedeutung für die Stabilität und Dauerhaftigkeit der sozialen Konstruktion Geschlecht. 2. Die konkrete Gestaltung leiblich-affektiver Erfahrungen ist sozial konstruiert, eine «natürliche» Erfahrung des Leibes gibt es nicht. (LINDEMANN 1992, 330)

Lindemann kritisiert an der soziologischen Thematisierung des Körpers ihren «Aktivismus» und betont demgegenüber die *passive Leiberfahrung*. Ich halte es für fragwürdig, auf der Passivität der Leiberfahrung zu bestehen. Das Leiblich-Affektive ist nicht etwas, das vom Körper erlitten wird oder das als Nebenprodukt seiner Aktivitäten anfällt, sondern selbst eine prozessuale Erscheinung und in diesem Sinne nicht Folge, sondern Bestandteil des körperlichen Geschehens und an den sozialen Konstruktionsmechanismen aktiv beteiligt. Obwohl ich ausserdem ihre Sicht nicht teile, den Leib (in Anlehnung an Bourdieu) als «Bindeglied zwischen Individuum und objektivierbarer sozialer Struktur» (ebenda, 345) zu betrachten, halte ich ihre Betonung der leiblich-affektiven Erfahrung für wichtig. Die leiblich-affektive Seite der Geschlechtskonstruktion wird in vielen Theorieansätzen in der Tat vernachlässigt. Dies liegt jedoch ausser am Aktivismus der entsprechenden Ansätze auch an deren Blickrichtung; indem konstruktivistische – insbesondere die bei der Interaktion ansetzenden – Perspektiven von aussen an den Körper herantreten, betonen sie die Aussenansicht des Körpers, seine visualisierten oder visualisierbaren Anteile sowie die von der Gesellschaft oder der Kultur her auf den Körper zielenden Konstruktionsmechanismen. Dieses Vorgehen schliesst das Leiblich-Affektive nicht per se aus; häufig wird es jedoch kurz erwähnt und in die Zuständigkeit der Psychologie verwiesen, also als *psychische* Dimension der Geschlechtlichkeit thematisiert anstatt als *leiblich*-affektive. Demgegenüber verweist Lindemanns Ansatz darauf, dass die Prozesse der Geschlechtskonstruktion nicht nur den gesamten Körper durchziehen, sondern auch ein Leiblich-Affektives herstellen, dessen Untersuchung Teil soziologischer Ansätze sein sollte.

Der Grund, weshalb Lindemann das «passive Eingebundensein der Teilnehmenden in das soziale Feld» (ebenda, 345) betont, liegt darin, dass die Mikrosoziologie ohne Einbezug dieses Aspektes die Stabilität sozialer Konstruktionen nicht verstehen könne. Die Dimensionen des Leiblich-Affektiven, die Lindemann als besonders wichtig erachtet, sind Körperscham und Begehren.[18] Sofern man die These akzeptiert, dass «die Erfahrung der einzelnen, ein Geschlecht zu sein, wesentlich die Stabilität der Geschlechterordnung garantiert» (ebenda, 345), so müssten m.E. jedoch weitere Dimensionen einbezogen werden wie z. B. Stolz, Angst (vor Übergriffen, Verletzungen, Gewalttätigkeiten), Schmerz oder das Gefühl körperlicher Stärke/Schwäche. Durch den Einbezug des Leiblich-Affektiven erfahren konstruktivisti-

18 Lindemann erwähnt in einer Fussnote «andere Gefühle – wie etwa Stolz auf den Körper oder das Gefühl, den richtigen Körper zu haben», die «zwar neue Nuancen, aber nichts grundsätzlich Neues, bezogen auf die Bedeutung dieser Erfahrungsebene, für die Konstruktion von Realität hinzufügen» (ebenda, 334). Dieses Zitat steht im Kontext ihrer Untersuchung von Transsexuellen. Lindemann beschränkt die Aussage jedoch nicht auf diese Gruppe.

sche Ansätze eine Erweiterung; der Körper wird auf diese Weise nicht nur über seine kulturelle Symbolik und die unterschiedlichen Arten seiner Darstellung und Visualisierung thematisiert, sondern zusätzlich über eine zum Teil kaum diskursivierte, symbolisierte und visualisierte Ebene sozial konstruierter Erfahrung.

## 3. KÖRPER IM DISPOSITIV DER GESCHLECHTER

Der Körper ist in das kulturelle Dispositiv der Geschlechter als zentrales Element eingebunden sowohl in der symbolischen als auch in der existentiellen Praxis. Gemäss der oben dargelegten Perspektive geht es nun darum, die «polymorphen Techniken der Macht» (FOUCAULT 1983, 22) sichtbar werden zu lassen, Techniken einer Macht, die die Produktion von Geschlecht sowohl anregen oder erzwingen als auch verhindern und einschränken kann. Um die Art der Verknüpfungen zwischen Körper und Dispositiv bzw. zwischen Körpern und Machttechniken untersuchen zu können, muss zunächst geklärt werden, wie der Körper aus einer kultursoziologischen, an postmodernen Ansätzen anknüpfenden Perspektive thematisiert werden kann.

Einzig als Anhäufung biologischer Fakten kann der Körper gewiss nicht begriffen werden. Ein innerhalb kultureller Zusammenhänge erscheinender Körper wird in postmodernen Kulturtheorien – summarisch ausgedrückt – als Effekt sozialer Praktiken gesehen, d.h. nicht als dem Sozialen vorgängige Materie, sondern als Produkt, als Wirkung des Sozialen selbst. Das soll nun nicht heissen, dass die Materialität des Körpers bestritten wird. Der Körper – der konkrete Körper als Teil existentieller Praxis – kann jedoch weder agieren noch wahrgenommen werden ausserhalb einer symbolischen Praxis, die – in Form von Sprache, Bildern, Affekten – einen bestimmten Wissenshorizont herstellt und anbietet. Dass ein Körper als Körper gesehen wird und in welcher Form er sozial relevant wird, muss sozial definiert werden. Dies ist die *Dimension des Effektseins* des Körpers, die *Methoden der Wahrnehmung und Deutung* betrifft. Hier erscheint der Körper innerhalb des Symbolischen als Effekt eines verfügbaren Wissenshorizonts. Eine zweite Dimension, die den Körper als Effekt bestimmt, betrifft die Einflüsse und Einwirkungen der Gesellschaft, die man als *Techniken der Einkörperung* bezeichnen kann. Beispiele für solche Einkörperungen im Zusammenhang mit dem Geschlecht sind Gestik, Blick, Körperhaltung, Gangart, Figur, Haarmoden usw. Diese Dimension bezeichnet den Körper als Wirkung der oben genannten gesellschaftlichen Praktiken. Zentral hierbei ist die Idee, dass das Dispositiv der Geschlechter Körper definiert und kodiert in einer Weise, die sie geschlechterdifferent lesbar werden lässt auch dann, wenn die materiellen (morphologischen, funktionalen) Differenzen tatsächlich minimal sind.

Wie Hartmann Tyrell bemerkt, ist eine zweigeschlechtliche Klassifikation aufgrund von Körpermerkmalen auch ausgesprochen unwahrscheinlich (TYRELL 1986, 457). Näher läge seiner Meinung nach die Konstruktion einer Mischklasse; Tyrell geht von einem empirischen Kontinuum zwischen männlicher und weiblicher Physiologie aus. Dass aller Unwahrscheinlichkeit zum Trotz binär klassifiziert wird, dafür sorgt die erwähnte Alltagstheorie zusammen mit einer massiven kulturellen Sanktionierung. Der gesellschaftliche Anspruch und Zwang zur «Totalinklusion des gesellschaftlichen Personals in die beiden Geschlechterklassen» (ebenda, 470) produziert einen Dimorphismus, der seinerseits eine Art Totalinklusion des Individuums in sein Geschlecht fordert. Diese Inklusion lässt das Auseinanderdividieren von Körperlichkeit und (Geschlechts-)Identität in der Regel nicht zu;[19] sie verbietet dem Individuum sogar, sich auch

19 Eine Ausnahme bilden Transsexuelle, die sich für die kleine Lösung entscheiden und die Genitalien nicht operativ verändern lassen. Sie können jedoch nur teilweise als Ausnahme gelten, da die «Unstimmigkeit» zwi-

nur punktuell aus seinem eigenen Geschlecht herauszuhalten. Oder, wie Tyrell dies ausdrückt:

> Jeder muss *jederzeit* entweder männlich oder weiblich sein; Geschlechtslosigkeit kann es nicht geben, und auch befristete «Auszeiten» sind nicht gestattet. Niemand also ist zu irgendeiner Zeit unklassifiziert. (TYRELL 1986, 471)

## Körper als Effekt des Sozialen: Butler und Foucault

> Sowohl die Unterscheidung anatomisches Geschlecht *(sex)*/Geschlechtsidentität *(gender)* als auch die Kategorie «Geschlecht» selbst scheinen den verallgemeinerten Begriff «der Körper» vorauszusetzen, der dem Erwerb seiner sexuell bestimmten Bezeichnung vorausgeht. Oft erscheint dieser «Körper» als passives Medium, das erst durch die Einschreibung von einer kulturellen Quelle bezeichnet wird, die ihrerseits als dem Körper äusserlich erscheint. (BUTLER 1991, 190f.)

Diese beiden Punkte – Vorgängigkeit und Passivität des Körpers – kritisiert Butler an einer Vielzahl von Ansätzen. Ihre eigene Sicht, die für postmodernes und poststrukturalistisches Denken als typisch gelten kann, setzt dem Kritisierten ein diskurstheoretisches Konzept entgegen, das den Körper in die kulturelle und politische Analyse hereinholen soll in einer Weise, wie sie, so Butler, bei der Annahme eines der sexuell bestimmten Bezeichnung vorgängigen, passiven Körpers nicht möglich sei. Butlers Kritik ist nicht nur philosophisch und erkenntnistheoretisch, sondern auch und vor allem politisch motiviert. Sie hält es für notwendig, den theoretischen Körperbegriff neu zu überdenken, weil der ver-

schen Körper und Identität meist geheimgehalten wird. Von einem eigenen Geschlecht bzw. einer Verschiebung oder einem Unterlaufen der Geschlechterordnung lässt sich erst reden, wenn diese Personen nicht als Frauen mit Penis bzw. Männer mit Vagina, sondern als Transsexuelle oder, vielleicht zutreffender, als Transgeschlechtliche definiert werden.

allgemeinerte naturalisierte Körperbegriff in einem geschlechtsspezifischen Machtsystem die strategische Funktion erfülle, die heterosexistische Unterdrückung aufrechtzuerhalten. Es stellt sich also beim Körper dieselbe Aufgabe der Denaturalisierung und des strategischen Blicks auf Selbstverständliches, wie sie in Fragen der Geschlechtsidentität im Verlauf der Frauenbewegung in Angriff genommen wurde.

Butlers Perspektive bringt nicht eine Akzentverschiebung in die Diskussion um Körper und Geschlecht; sie entwirft eine Optik, die grundlegend abweicht von Konzeptionen, die sich mit der Deutung geschlechtlich bestimmter Körper befassen.

Butlers Ausgangspostulat:

> Doch der «Leib» ist selbst eine Konstruktion – wie die unzähligen «Leiber», die das Feld der geschlechtlich bestimmten Subjekte bilden. Man kann nämlich den Körpern keine Existenz zusprechen, die der Markierung ihres Geschlechts vorherginge. So stellt sich die Frage, inwiefern der Körper erst in und durch die Markierung(en) der Geschlechtsidentität *ins Leben gerufen* wird. (BUTLER 1991, 26).

An anderer Stelle bezeichnet Butler den Körper «nicht als Oberfläche, die der Bezeichnung harrt, sondern als Komplex individueller und gesellschaftlicher Schranken, der politisch bezeichnet und aufrechterhalten wird» (BUTLER 1991, 61).

Oder: Der Körper ist «eine variable Begrenzung, eine Oberfläche, deren Durchlässigkeit politisch reguliert ist, eine Bezeichnungspraxis in einem kulturellen Feld der Geschlechter-Hierarchie und der Zwangsheterosexualität» (BUTLER 1991, 204).

Diese Zitate umreissen eine Perspektive, die dezidiert die Konzeption des vorsozialen Körpers verwirft. In Butlers Konzept, das sich als diskurstheoretische Spielart des symbolischen Interaktionismus[20] lesen lässt, existiert keine vorsoziale Mate-

20 Ich beziehe mich hier in erster Linie auf die Kapitel *Leibliche Einschreibungen, performative Subversionen* und *Von der Parodie zur Politik*.

rialität des Körpers und, für Butler besonders zentral, keine passive Materialität, in die Kultur ihre je spezifischen Bedeutungen einschreibt.

Butlers Version repräsentiert eine radikal kulturtheoretische Sicht, bei der die Unterscheidung sex/gender ihren Sinn verliert. Sie lehnt es denn auch ab, gender als Produkt der Interpretationen und Bewertungen von sex aufzufassen, wie dies in einigen feministischen Theorien (zunehmend seltener) üblich ist. Vielmehr führt bei ihr der Gedanke, es sei kein Rückgriff möglich auf einen noch nicht durch kulturelle Bedeutungen interpretierten und durch gesellschaftliche Praktiken geformten Körper, zum Schluss, «dass das Geschlecht (*sex*) definitionsgemäss immer schon Geschlechtsidentität (*gender*) gewesen ist» (BUTLER 1991, 26).

Butlers Kritik am sex/gender-Konzept scheint mir angebracht, da dieses tendenziell – im Widerspruch zu seiner expliziten Intention – einen Teil des Biologismus wiedereinsetzt, zu dessen Bekämpfung das Begriffspaar entwickelt wurde. Die Gefahr bei diesem Konzept besteht darin, dass nur gender als sozial konstruiert erscheint, während sex als das immer schon Gegebene aus dem analytischen Interesse herausfällt. Die Ablehnung dieser Sicht – der tendenziellen Teilung zwischen Biologie und Kultur oder zwischen Körper und (Geschlechts-)Identität – führt zu einer Betonung der kulturellen Aspekte von Geschlecht. Dieses Vorgehen wird gelegentlich – in Opposition zum Biologismus und wie dieser negativ konnotiert – als Kulturalismus[21] bezeichnet: wo der Biologismus die gesellschaftlichen Einflüsse vernachlässige, unterschlage der Kulturalismus physiologische Gegeben-

21 Vgl. zum Beispiel Andrea Rödig: «Mit ‹Kulturalismus› meine ich eine Art relativer bzw. relativistischer Geschlechterauffassung, wie es schon mit Geschlecht als ‹symbolischer Ordnung› bzw. als ‹kultureller Konstruktion› angesprochen wurde (s. Hagemann-White 1988, 230). Es ist mir bewusst, dass diese Alternative ‹Biologismus vs. Kulturalismus› selbst zu einfach ist. Aber in genau dieser Alternative sind unsere Denkmuster verhaftet.» (RÖDIG 1992, 111)

heiten. Das Unbehagen beiden Richtungen gegenüber liegt darin, dass die eine – der Biologismus – fixiert, festschreibt, reifiziert, wo die andere – der Kulturalismus – auflöst, Definitionen nur als vorläufige, relative zulässt, die Verhältnisse durch den Griff zum Symbolischen in der Schwebe hält.[22] In bezug auf das Geschlecht wird kulturtheoretischen Ansätzen leicht unterstellt, sie raubten dem Körperlichen gewissermassen seine materielle Existenz. AutorInnen, die den kulturellen Relativismus – auf dem notwendigerweise jede konstruktivistische Perspektive basiert – angreifen, übersehen bisweilen, dass dieser Natur, Biologie oder Physiologie keineswegs unterschlägt, sondern als kulturelle Phänomene untersucht. Die Betonung des Symbolischen und allgemein der kulturellen Gesichtspunkte kann manchmal – muss aber nicht – eine reduktionistische Unterschätzung physischer Aspekte mit sich bringen.

Butlers Theorie der performativen Geschlechtsidentitäten ist gelegentlich Gegenstand der obigen Kritik, so beispielsweise von seiten Hilge Landweers. In ihrer Auseinandersetzung mit der feministischen Foucault-Rezeption wirft Landweer Butler vor, Geschlecht und Körper als ausschliesslich diskursive Produkte zu konzeptualisieren (und sich in dem von Foucault bekämpften Modell einer repressiven Macht zu verfangen):

> Butler vergibt somit die Unterscheidungsmöglichkeit von vordiskursiver Wahrnehmung, Klassifikationssystemen, spezifischen Diskursen und dem jeweiligen Macht*typus*, in dem sie funktionieren. (LANDWEER 1993, 14)

22 Dies mag wiederum Rödig illustrieren, wenn sie zur Alternative Biologismus oder Kulturalismus anmerkt: «Das eine können wir nicht wollen, weil es uns festlegt auf eine alte starre Geschlechtermetaphysik, und das andere dürfen wir nicht unumschränkt wollen, weil es unsere Selbstdefinition letztlich unmöglich macht und in den Zirkel führt, dass wir nicht begründen können, was wir je schon voraussetzen.» (RÖDIG 1992, 110)

Weiter stellt sie fest, man müsse «sich schon in einem reinen Ideenhimmel bewegen, um allein den Verweis auf Materialität als unzulässige Prämisse zu brandmarken» (ebenda, 15).

Landweers Kritik an Butlers Machtkonzeption teile ich nicht. Ihre zum Teil polemischen Angriffe verkürzen Butlers Analyse und klammern aus, was deren Theorie an Neuem in die Geschlechterdiskussion einbringt. Hingegen teile ich Landweers Einschätzung hinsichtlich der problematischen Betonung des Diskursiven bei Butler. Wird Realität als ausschliesslich diskursiv produziert betrachtet, so lassen sich weite Bereiche nicht mehr erfassen und die Stabilität gesellschaftlicher Konstrukte nicht erklären.[23] Meiner Meinung nach hält sich Butler jedoch nicht immer an ihre eigene Prämisse einer strikt diskurstheoretischen Orientierung. Sie bezieht nichtdiskursive Praktiken oft ein, ohne sie explizit zu benennen, so in der Konzeption der performativen Geschlechtsidentität: der Begriff performativ verweist «auf eine inszenierte, kontingente Konstruktion der Bedeutung» (BUTLER 1991, 205), die Nichtdiskursives einbezieht. Das von Landweer angesprochene Problem im Umgang mit Materiellem bleibt bei Butler bestehen; ihre Theorie lässt sich jedoch im vorliegenden Kontext verwenden unter der Prämisse, dass Geschlecht und Körper nicht ausschliesslich diskursive, aber ausschliesslich kulturelle Gegebenheiten darstellen. Damit wird ein Aspekt wieder eingebracht, der bei Foucault – auf den sich Butler stützt – bereits vorhanden war. Obwohl der Körper als kultureller Effekt erscheint, wird ihm seine Materialität als solche zugestanden. Was Butler verwirft, ist jedoch die Idee, dem Körper könne ausserhalb irgendeines kulturellen Kontextes eine Existenz zugeschrieben werden. Die körperliche Materialität steht weder ausserhalb gesellschaftlicher Praktiken noch geht sie in diesen auf; sie wird von diesen zu der Art von Körperlichkeit gemacht, als die sie im jeweiligen Umfeld erscheint.

23 Vgl. die Ausführungen zu Lindemann in Kapitel III,2.

Dies gilt selbstverständlich für physische Bereiche, denen der gesellschaftliche Wissenshorizont klar strukturierte Subjektpositionen zur Verfügung stellt – z. B. die Wahrnehmung zweier Geschlechter mittels des zweigeschlechtlichen Erkennungsdienstes. Der Körper ist jedoch auch dort ein kulturelles Produkt, wo keine Subjektpositionen zur Verfügung stehen, so im Fall des Vorherrschens unmittelbaren physischen Empfindens, das im Extremfall jegliche möglichen kulturellen Deutungsmuster ausser Kraft setzen mag. Das heisst: dem Körper kommt keine kulturunabhängige Existenz zu – selbst dann nicht, wenn die Mittel kultureller Objektivierung nicht greifen.

Zur Verdeutlichung dieser These mag ein Beispiel aus der körperlichen (Selbst-)Wahrnehmung[24] dienen; man könnte geneigt sein, diesen Bereich als aussersozial zu begreifen, da die kulturelle Objektivierbarkeit nicht oder nur in geringem Mass möglich ist. Elaine Scarry analysiert in *Der Körper im Schmerz* am Beispiel der politischen Folter, wie extremer physischer Schmerz die Grenzen von Objektivierbarkeit und Repräsentation überschreitet. Die Autorin befasst sich nicht explizit mit der Frage, in welcher Weise Körper in Kultur eingebunden sind. Ihre Annahme, dass «der Leib das Ich umschliesst und schützt» (SCARRY 1992, 60), weicht zudem mit der Trennung von Körper und Ich deutlich von postmodernen Körperauffassungen ab. Dennoch eignet sich ihre Analyse der Sprachzerstörung in extremen Schmerzsituationen, um Butlers These an den Rändern des Symbolischen zu überprüfen, einem Ort, an dem sie nicht unmittelbar evident er-

24 Für diesen Bereich verwenden manche ForscherInnen im Anschluss an Plessner (1975) die Unterscheidung zwischen Körper und Leib. Vereinfacht ausgedrückt steht Leib für etwas, das man ist, während Körper etwas bezeichnet, das man hat. Der Leib wird aus einer positionalen Mitte heraus unmittelbar erlebt, während beim Körper aus der exzentrischen Positionsform heraus eine gewisse Distanz sowohl zur leiblichen Zuständlichkeit als auch zum Umweltbezug besteht. Verwendet man dieses Begriffspaar, so wäre der hier angesprochene Schmerz des Gefolterten eher der leiblichen Zuständlichkeit als dem Körper zuzurechnen.

scheint. Scarry schreibt: «Der körperliche Schmerz ist nicht nur resistent gegen Sprache, er zerstört sie.» (ebenda, 13)

Obwohl weder Bezeichnung noch Repräsentation mehr möglich sind, bleibt der Körper auch in seiner äussersten Sprachlosigkeit Effekt einer Kultur. Im Fall der Folter ist die Situation des gezielten Quälens in politischem Kontext eine kulturelle Inszenierung mittels bestimmter Machttechniken. Der leidende Körper ist ein Effekt dieser Inszenierung. Für den Gequälten bleibt zwar mit der Empfindung des extremen Schmerzes ein Bereich, der nicht durch kulturelle Zeichen strukturiert wird; der Gefolterte weiss jedoch, dass er sich in einer Foltersituation befindet – diese ist eine ihm bekannte Methode eines bestimmten politischen Regimes –, und stellt seinen Körper und seinen Schmerz in diesen Kontext. Die Qual würde wohl auch dann als Qual wahrgenommen, wenn sie sich in einem anderen Rahmen abspielte. Das Wissen um den anderen Kontext, beispielsweise privater Sadismus, würde jedoch nicht nur die Interpretation des Geschehens verschieben, sondern auch den Körper modifizieren, der Gegenstand des Quälens ist – und der aus Scarrys Blickpunkt in einer solchen Lage nichts als Schmerz ist. Nicht einmal dort also, wo die Sprache – das Hauptmittel kultureller Objektivierung – aussetzt oder zerstört wird, kann man von aussersozialer physischer Realität sprechen; politische Folter produziert einen anderen Körper als irgendeine andere Form von Gewalt.

Folter ist ein extremes Beispiel; was im hier relevanten Zusammenhang für diese zutrifft, lässt sich jedoch auch auf jeden anderen Bereich der Körperwahrnehmung übertragen. Physische Realitäten bleiben Wirkungen innerhalb eines kulturellen Komplexes, auch wenn sie sich infolge der Objektivierungsschwierigkeiten bezüglich sinnlicher Wahrnehmungsprozesse nicht angemessen in Diskursen repräsentieren lassen. Eine Analytik, wie sie Butler (im Anschluss an Foucault) vorschlägt, entlässt zwar keinen Bereich des Körpers aus der Kultur, reduziert diesen aber auch nicht auf blosse kulturelle Symbolik.

Butlers zweiter Einwand gegen die verbreitetsten Körpervorstellungen betrifft die Sicht, der Körper gelte als passives Medium, auf das kulturelle Einkörperungen einwirkten. Was sie damit angreift, sind die alte Trennung zwischen Natur und Kultur sowie die Vorstellung, Natur sei eine passive Masse, die durch Kultur überformt werden könne/müsse. Neben dem – in unterschiedlichen Wissenschaftszweigen inzwischen ausgiebig diskutierten – Herrschaftsanspruch, der in dieser Vorstellung liegt, kritisiert Butler auch die theoretischen Einbussen insbesondere bezüglich der Geschlechterthematik. Dies führt zurück auf das sex/gender-Thema, in dem meist sex die körperliche, gender die soziale/psychische Dimension betrifft. Insbesondere die konstruktivistische Annahme, das biologische Geschlecht werde durch das soziale hervorgebracht, setzt oft den Körper als passives Medium und Ziel sozialer Überformung. Dabei fällt allerdings auf, dass sex/gender-Ansätze häufig von Genitalien, aber selten von Körpern reden. Richtet sich der Blick auf den Körper aber vorwiegend auf die Genitalien, ist die Gefahr gross, dabei die Theorie der Zweigeschlechtlichkeit zu zementieren. Und damit wird eine Binarität behauptet, die dann zwar in ihren Konsequenzen, nicht aber in ihren Ursachen oder ihrer Entstehung zum Gegenstand politischer Analysen werden kann.

Der Unterschied zwischen dem Körper als passivem Medium und dem Körper als sozialem Effekt ist nicht bloss sprachlicher Art. Im ersten Fall erleidet der immer schon gegebene Körper verschiedene Einwirkungen, im zweiten wird ein zuvor nicht existenter Körper hervorgebracht. Die Wahl einer dieser Betrachtungsweisen entscheidet darüber, welche strategischen Funktionen den Einkörperungstechniken zuzusprechen sind. Sie beeinflusst ebenfalls die Frage, welche Möglichkeiten man den Körpern einräumt, sich Machttechniken zu widersetzen oder zu entziehen. Erscheint der Körper als ausserkulturelles Faktum, so gibt es immer Wege – von einer Aussenposition her –, Widerstand gegen einschränkende oder repressive Machtwirkungen zu leisten. Erscheint er jedoch als kultureller Effekt, so steht es ihm nicht mehr frei, sich aus der Gesellschaft und damit aus Machtstrategien herauszuhalten. Widerstand muss hier anders aussehen: Ein Körper, der sich den Machttechniken – die ihn erst hervorbringen –, in einem gewissen Rahmen entziehen kann, ist nicht das passive Medium, das von der Macht nicht erfasst wurde, sondern er wird innerhalb des strategischen Feldes, in dem die Macht und der Widerstand zugleich wirken, auf andere Weise produziert.

Butler übernimmt Begriffe und Methoden z. T. aus Michel Foucaults Machtanalytik (FOUCAULT 1978) sowie aus seinem *Dispositiv der Sexualität* (FOUCAULT 1983). Sie kritisiert an ihm jedoch die Sicht, «kulturelle Werte [gingen] aus einer Einschreibung auf den Körper hervor, der seinerseits als Medium, ja gleichsam als leere weisse Seite verstanden wird» (BUTLER 1991, 192). Aus welchen Gründen Butler zu dieser Einschätzung kommt, wird aus ihrem Text nicht ersichtlich. Mir scheint es jedenfalls nicht gerechtfertigt, Foucaults Konzeption des Körpers auf eine leere weisse Seite zu reduzieren. Foucault betont mit seiner Annahme einer produktiven Macht gerade die Herstellungsverfahren: Dass Diskurse und Machttechniken ihren Gegenstand erst herstellen, wird bei ihm immer wieder hervorgehoben, nicht zuletzt in *Sexualität und Wahrheit* (FOUCAULT 1983).

Butlers Kritik an Foucault enthält einen Irrtum oder zumindest eine Fehlinformation. Ausgangspunkt ihrer Kritik bildet nämlich der Aufsatz *Nietzsche, die Genealogie, die Historie* – eine Schrift also, die nicht Foucaults eigene Körpervorstellungen darlegt, sondern seine Interpretation von Nietzsches Begriff der Genealogie. Natürlich übernimmt Foucault diesen Begriff (mit einigen Präzisierungen und Modifikationen); es lässt sich jedoch nicht rechtfertigen, ihm auch gleich Nietzsches Idee des Körpers unverändert unterzuschieben.[25] Butler tut dies an mehreren Stel-

25 Nietzsche plädierte für eine neue Leibtheorie. Er sprach von einer grossen Vernunft – die eine leibliche ist – und einer kleinen Vernunft, derjenigen des Geistes. Dies ist ein Punkt, dem Foucault nicht zustimmen würde. Eher würde er wohl eine solche Zweiteilung der Vernunft als Macht-/Wissen-Formation in ihren historischen Bedingungen untersuchen.

len, so auch wenn sie Freuds Kulturbegriff – wonach Kultur die Zerstörung/Unterdrückung des Körpers voraussetzt[26] – als Foucaults Vorbild bezeichnet. Foucault unter die Anhänger Freuds einzureihen,[27] scheint einigermassen absurd, hat er doch das Freudsche Bild der Körper und der Lüste verschiedentlich demontiert. Es wird überdies nicht ersichtlich, wo sie im Genealogie-Aufsatz die Vorstellung findet, Foucault weise «auf die Beständigkeit der kulturellen Einschreibung hin» (BUTLER 1991, 192). Sieht man sich Butlers Zitat zur leeren weissen Seite in seinem Kontext bei Foucault an, so scheint von Beständigkeit weder bei ihm noch bei Nietzsche die Rede zu sein (die von Butler zitierte Stelle handelt überdies eher von der Geschichte als vom Körper):

> Die «wirkliche» Historie stützt sich im Gegensatz zu der der Historiker auf keine Konstanz: nichts am Menschen – auch nicht sein Leib – ist so fest, um auch die anderen Menschen verstehen und sich in ihnen wiedererkennen zu können. Alles, woran man sich anlehnt, um sich der Geschichte zuzuwenden und sie in ihrer Totalität zu erfassen, alles, was sie als eine geduldige und kontinuierliche Bewegung erscheinen lässt, muss systematisch zerbrochen werden. Das tröstliche Spiel der Wiedererkennungen ist zu sprengen. (FOUCAULT 1987, 79f.)

Foucaults eigene explizite Ausführungen zum Thema Körper stehen zu einem grossen Teil im Zusammenhang mit Analysen poli-

26 Entwickelt wird diese Idee v.a. in *Das Unbehagen in der Kultur* (FREUD 1982)

27 Butler ist nicht die einzige Autorin, die Foucault bezichtigt, in theoretischen Annahmen steckenzubleiben, die er überwinden wollte. Ein weiteres Beispiel hierfür ist Fink-Eitel (1989), der in seiner Foucault-Einführung zum Schluss kommt, Foucault sei über Nietzsche nicht hinausgekommen und mit seiner Machttheorie gescheitert. Letztlich wird sich die Frage wohl nicht schlüssig beantworten lassen, da Foucaults Schriften vielfältige Widersprüche enthalten und er seine Terminologie gerade in bezug auf Körper und Macht nicht immer eindeutig einsetzt.

tischer Machtregimes, der Entwicklung der Medizin sowie der Entstehung der Sexualität. Meiner Einschätzung gemäss weicht sein Körperbegriff kaum von demjenigen Butlers ab. Foucault spricht vom Körper meist in spezifischen Zusammenhängen; ein verallgemeinerter Körperbegriff lässt sich nicht eruieren. Beide AutorInnen präsentieren eine strategische Sicht, in der nichts am Körper ausserhalb der Macht/Wissen-Komplexe steht, die ihn fortwährend hervorbringen. Während Butler den Körper als «Komplex individueller und gesellschaftlicher Schranken, der politisch bezeichnet und aufrechterhalten wird» (BUTLER 1991, 61), bezeichnet, kritisiert sie an Foucault, dass er quasi im verborgenen immer wieder einer romantischen Idee des freien Körpers bzw. der freien Lüste fröne. Es gibt bei Foucault tatsächlich einzelne Stellen, die diesen Schluss zulassen;[28] es ist jedoch davon auszugehen, dass er auch diese Freiheit – diese Form von Widerstand gegen regulierende, normierende Strategien – nicht ausserhalb, sondern immer innerhalb der gesellschaftlichen Strategien zur Erzeugung von Körpern ansiedelt. Spricht Foucault (im Zusammenhang mit den Irritationen in der Geschlechtsidentität des/der Hermaphroditen Herculine) von polymorphen Lüsten, so situiert er diese nicht ausserhalb kultureller Normierung und Regulierung. Wenn die Normierungsmacht sich lockert oder entfällt, tauchen nicht aussersoziale, ursprüngliche Lüste auf; vielmehr findet eine Vervielfältigung der Lüste statt, die im Zusammenhang mit der vorherigen Normierung sowie mit neuen Formen von Regulierung zu sehen ist.

28 Butler gründet ihren Verdacht auf Foucaults Interpretation von Herculine Barbin, einem/r Hermaphroditen aus dem 19. Jahrhundert, deren/dessen Tagebücher Foucault zusammengestellt und mit einem eineinhalbseitigen Nachwort versehen hat (FOUCAULT 1978). Butlers Kritik konnte ich an dieser Stelle nicht überprüfen, da sie sich auf ein der englischen Ausgabe beigefügtes Vorwort von Foucault stützt, das in der mir zur Verfügung stehenden französischen Ausgabe nicht enthalten ist. Es lassen sich jedoch weitere Stellen finden, z. B. im Zusammenhang mit sexuellen Randgruppen, in denen Foucault entgegen seiner üblichen Meinung von polymorphen Lüsten spricht, die sich befreien könnten.

Der Körper als Wirkung kultureller Inszenierung ist auch ein Ort kultureller Produktion im Dispositiv der Geschlechter mit seinen vielfältigen Machtverhältnissen. Soziale und diskursive Rahmen entscheiden darüber, was ein Körper jeweils ist.

Die Frage, die sich mit Butler und Foucault stellt, ist also nicht, wie gesellschaftliche Machtkonstellationen männliche und weibliche Körper prägen oder beeinflussen, sondern welche Machtkonstellationen mit welchen Techniken geschlechtlich bestimmte Körper hervorbringen – und umgekehrt, wie die Körper als Machtwirkungen selbst in die strategische Situation hineinwirken.

Dass die Geschlechtlichkeit des Körpers sich durch sämtliche Rahmen und Inszenierungen hindurch als naturalisiertes Faktum und unerlässlicher Orientierungspunkt behauptet, ist ein Effekt des produktiven Dispositivs, das Geschlecht nicht nur als Symbolik und Identitätskonstrukt schafft, sondern auch in sämtliche Gesellschaftsmitglieder einkörpert. Dadurch, dass letztere bereits vor ihrer Geburt zwangsvergeschlechtlicht werden – die Frage nach dem Geschlecht steht mit oder ohne pränatale Diagnostik zur Diskussion, bevor ein Kind den Mutterleib verlässt –, vermag das Dispositiv den strategischen Nutzen und den sozialen Ursprung seines generativen Prinzips der Zweigeschlechtlichkeit dem Blick zu entziehen. Es gibt so mit Ausnahme der Hermaphroditen keine Person, die – solange sie nicht die Kultur wechselt – gezwungen ist, die Frage zu stellen, wieso ausgerechnet zwei Geschlechter die Gesellschaft bevölkern (was nicht heisst, dass kein Unbehagen bezüglich dieser nicht gestellten Frage aufkommen könnte).

Was ich im folgenden in den Blick nehme, ist der Körper in einem medizinischen Kontext der Vergeschlechtlichung, nämlich demjenigen der Kindergynäkologie.

Bei der Frage, in welcher Weise der Körper zu einem zentralen Bestandteil des Dispositivs der Geschlechter wird, stehen folgende Aspekte im Vordergrund:

- Bestimmung der beteiligten diskursiven und nichtdiskursiven Elemente und Techniken, aus deren Verbindung sich das Netz bildet, das als Dispositiv bezeichnet wird.
- Auffinden der strategischen Funktionen, die das Dispositiv durch den Zugriff auf den Körper erfüllt.
- Suche nach den Spielräumen, die dem Körper offenstehen, um Vorgaben des Dispositivs zu modifizieren oder zu umgehen.

# IV Körper im medizinischen Kontext der Kindergynäkologie

In einigen Teilgebieten der Medizin treten deutliche Tendenzen hervor, Körper in spezifischer Weise zu vergeschlechtlichen.[29] Ein markantes Beispiel hierfür ist die Kindergynäkologie, ein Fachgebiet, das sich – teilweise als eigenständige Spezialdisziplin, teilweise als Subdisziplin der Erwachsenengynäkologie oder der Pädiatrie – gemäss der Einschätzung von Schüssler/Bode zunehmend ausweitet und etabliert (SCHÜSSLER/BODE 1992). Die Forderung nach einem eigenständigen Gebiet «Kindergynäkologie» – das richtigerweise Mädchengynäkologie heissen sollte – wurde bereits in den 50er Jahren erhoben,[30] liess sich aber vorerst nicht im beabsichtigten Umfang durchsetzen. Heute scheinen die gesellschaftlichen Bedingungen für dieses fragwürdige Unternehmen eher gegeben.

Da ausserhalb medizinischer Fachpublikationen kaum Literatur dazu existiert, stütze ich mich vorwiegend auf die aufschlussreiche Untersuchung, die Schüssler/Bode für Deutschland

29 Zur historischen Entwicklung des Körpers als Gegenstand der Medizin vgl. Barbara Duden (1991), Michel Foucault (1983), Claudia Honegger (1991), Londa Schiebinger (1987)

30 Von Schüssler/Bode besonders hervorgehoben werden die Arbeiten von Peter und Vesely, zwei Gynäkologen, die mit bemerkenswertem Einsatz versuchten, die Kindergynäkologie praktisch zu verankern und theoretisch zu legitimieren. Vgl. Peter, Rudolf/ Vesely, Karel (1966), *Kindergynäkologie*, Leipzig.

erarbeitet haben. Die beiden Autorinnen vertreten einen medizinkritischen Ansatz; ihr Interesse gilt v.a. der mittels Medikalisierung betriebenen Normierung von Mädchen und deren gesellschaftlichen Folgen. Da sie sich auf medizinische Publikationen stützen, stehen die ärztliche Sicht sowie Fragen der Institutionalisierung und Durchsetzung dieses Fachgebietes im Vordergrund. Die Sicht der behandelten Mädchen wird nicht empirisch erforscht.

Schüssler/Bode unterscheiden zwischen (Kinder-)Gynäkologen und Kindergynäkologen; erstere behandeln gelegentlich Mädchen, während letztere überwiegend Mädchen als Patientinnen haben. Diese Unterscheidung nehme ich nicht generell vor, da sie für meine Fragestellung nicht von zentraler Bedeutung ist. Auch der Entscheidung der Autorinnen, durchgehend die männliche Form Kindergynäkologe zu verwenden, schliesse ich mich nicht an. Die Begründung, dass «zum einen die Gynäkologie bis in die begrifflichen Poren hinein männlichem Denken verpflichtet ist und zum andern – nicht untypisch – fast ausschliesslich männliche Gynäkologen zum Thema Kindergynäkologie publizieren» (SCHÜSSLER/BODE 1992, 21), verlangt nicht zwingend die Ausklammerung von Gynäkologinnen. Das erste Argument ist ein theoretisches, das mit der Frage nach den praktizierenden ÄrztInnen nicht gleichgesetzt werden kann; es können durchaus Frauen männlichem Denken verpflichtet sein. Hier halte ich es für nötig, zwischen existentieller und symbolischer Praxis zu unterscheiden und überdies die Möglichkeit offenzulassen, dass Arbeits- und Sichtweisen von Ärztinnen sich von denjenigen ihrer Kollegen unterscheiden – trotz männlich bestimmter Tradition. Das Argument des Publizierens greift ebenfalls nicht, da es nichts über das ärztliche Praktizieren aussagt. In der BRD waren 1990 ca. 20% der niedergelassenen GynäkologInnen Frauen: Dieser medizinische Zweig ist gewiss männlich geprägt; um eine reine Männerangelegenheit handelt es sich jedoch nicht. Wird dies ausser acht gelassen, so entfällt die nicht unwichtige Frage nach der Rolle von Ärztinnen auf diesem Gebiet. Meine Kritik an

Schüssler/Bode geht jedoch über eine blosse Begriffskritik hinaus. Die Autorinnen beschränken sich auch inhaltlich auf die Rolle männlicher Ärzte. Zwar zitieren sie häufig eine Ärztin, deren Position mit den führenden Gynäkologen nicht übereinstimmt; worin diese Unterschiede gründen und welche eventuellen Auswirkungen sie auf die praktische Arbeit haben, bleibt jedoch ausgeklammert.

Obwohl es sich um ein (noch) nicht vollständig etabliertes Gebiet handelt, lassen sich – u.a. aufgrund der Parallelen zur Frauengynäkologie – die Grundtendenzen klar erkennen. Die «Krankheit Frau» ist ein nicht mehr ganz neues Thema;[31] Mädchen hingegen sind bislang von der Verkrankung weitgehend verschont geblieben. Folgt man der Meinung einiger der von Schüssler/Bode zitierten ExpertInnen, so scheint es von einiger Dringlichkeit, dies nachzuholen. Einzelne tendieren dazu, bereits nach dem embryonalen «Patientinnengut» zu greifen.

## 1. ELEMENTE DER KINDERGYNÄKOLOGISCHEN PRAXIS

Der Komplex der am Mädchenkörper ansetzenden medizinischen Praxis weist die folgenden wichtigsten Elemente auf:

- das räumliche Arrangement von Arztpraxis bzw. Klinik
- medizinische Untersuchungs- und Behandlungsmethoden
- medizinische und sexualpädagogische Diskurse

31 Vgl. Esther Fischer-Homberger (1979).

### 1.1. *Räumliches Setting*

Die räumlichen Verhältnisse in der Kindergynäkologie entsprechen weitgehend denjenigen in der Erwachsenengynäkologie; wichtigster Einrichtungsgegenstand ist der Gynäkologiestuhl, auf dem die Patientin in der Regel in liegender Position untersucht wird. Hinzu kommen technische Gegenstände wie Ultraschallgerät, diverse Messgeräte und Behandlungsinstrumente. Weiteres Umfeld bilden die Umkleidekabine sowie Tisch und Sitzgelegenheit für Gespräche. Der vielleicht einzige Unterschied zur Erwachsenengynäkologie besteht in der vielerorts üblichen Einrichtung spezieller Sprechstunden für Mädchen, was eine kindgerechte Atmosphäre produzieren und die Mädchen davor bewahren soll, ihre Wartezeit gemeinsam mit erwachsenen Frauen zubringen zu müssen. Wo dies üblich ist, wird eine klare Trennlinie gezogen zwischen der Personengruppe der Mädchen und derjenigen der Frauen; dahinter stehen wohl vorwiegend taktische Überlegungen, soll doch eine eigenständige Subdisziplin Kindergynäkologie allmählich legitimiert werden.

### 1.2. *Untersuchungsmethoden*

Zu den Untersuchungsmethoden gehören Betrachtung des Körpers, Abtasten, Messen verschiedenster Art, gegebenenfalls Gewebsentnahmen: Hier bestehen mit Ausnahme des Messens kaum Unterschiede zur Erwachsenengynäkologie. Die Messprozeduren allerdings sind ausgedehnter, umfassender und verfolgen spezifische Ziele, die bei erwachsenen Frauen nicht mehr zum Tragen kommen. Es sind dies neben der expliziten Sorge um die gesunde Entwicklung des jungen Körpers (hin zur problemlosen Gebärfähigkeit und -freudigkeit sowie zum normgerecht ästhetischen erwachsenen Körper) Fragen der Sexualhygiene und -aufklärung – beide ebenfalls mit Bezug auf die spätere (eindeutig heterosexuelle) Frau.

Wie weit die Messwut der GynäkologInnen gehen kann, demonstrieren Schüssler/Bode anhand von Tabellen über den richtigen Hormonhaushalt, über den zulässigen Durchmesser von Gebärmutter, Klitoris, Vagina und Brustwarzen, die annehmbare Zyklusdauer usw. Es existieren genaueste Einteilungen des Mädchenkörpers und eine anscheinend hohe Bereitschaft, Normabweichungen auch bei Symptomfreiheit zu behandeln. Bei den Klassifizierungen unterscheiden Schüssler/Bode zwischen physiologisch-funktionellen und morphologischen Normsetzungen. Die ersteren gründen auf naturwissenschaftlichen Theorien und bezeichnen den für das körperliche Funktionieren als optimal erachteten Hormonstatus sowie die funktionalen Gesichtspunkte von Eierstöcken, Gebärmutter, Brustdrüsen usw. Die morphologischen Normsetzungen betreffen die Ästhetik, das Aussehen nicht nur von Brust und Vulva, sondern auch des Körpers in seiner Gesamterscheinung (Körperlänge, Hüftbreite, Brustweite usw.). Allerdings lässt sich die Grenze zwischen den beiden Normierungsmodi nicht immer klar ziehen. Wenn beispielsweise die naturwissenschaftliche Theorie den voll funktionstüchtigen Körper als gebärfähig definiert, so enthält diese Setzung bereits ein ideologisches Moment. In den Grundzügen jedoch ist die Unterscheidung zwischen physiologischen und morphologischen Normsetzungen von Nutzen, da zwischen diesen Bereichen in vielen Fragen Unterschiede bestehen, so z. B. bezüglich der Legitimationsdiskurse oder der Auswirkungen auf die symbolische Praxis von Weiblichkeit.

### 1.3. *Behandlungsmethoden*

Die zum Einsatz kommenden Behandlungsmethoden leiten sich ebenfalls vorwiegend aus der Frauenheilkunde her und reichen von der Hormonbehandlung bis hin zum operativen Eingriff bei nicht ganz normgerecht sich entwickelnder Brust oder Gebärmutter. Für behandlungsbedürftig gehalten werden sowohl physiologisch-funktionelle Normabweichungen als auch solche im morphologischen Bereich. Erstere beziehen ihre Legitimation aus der präventiven Sorge um die spätere Reproduktionsfähigkeit, während letztere v.a. mit möglichen psychischen Belastungen der Mädchen begründet werden, so wenn während der Pubertät mittels Hormonbehandlung verhindert werden soll, dass die Heranwachsende später unter einer zu grossen oder zu kleinen Brust zu leiden haben könnte. Einen speziellen Fall dieser Optik stellt die Behandlung bei Hochwuchs dar. Hier kommt eine morphologische Normsetzung zum Zug, die besonders deutlich ihre Herkunft aus gesellschaftlich fixierten asymmetrischen Geschlechterverhältnissen verrät. Der Zwei-Geschlechter-Blick unterstellt psychische Probleme bei grossgewachsenen Frauen und löst diese präventiv durch Wachstumshemmung anstatt durch Thematisierung hierarchischer Zweigeschlechtlichkeit. Somit wird eine Strategie durchgesetzt, die die Normabweichlerinnen pathologisiert und die bestrebt ist, die Sichtbarkeit der körperlich normierten Geschlechterdifferenz aufrechtzuerhalten.

### 1.4. *Diskurse*

Die Kindergynäkologie ist in erster Linie Präventivmedizin. Entsprechend sind die Diskurse weniger beschwerdenorientiert als auf mögliche zukünftige Schwierigkeiten ausgerichtet. Hier geschieht gewissermassen eine Ausdehnung der Krankheit Frau ins Kindesalter. Als Produkt dieses Prozesses präsentiert sich etwas Neuartiges, die Krankheit Mädchen. In welchem Sinn hier der Begriff Krankheit zur Anwendung kommt, dokumentiert zynisch die Maxime: «Gesund ist nur jemand, der/die noch nicht genügend untersucht worden ist.» (SCHÜSSLER/BODE 1992, 120) In diesem Grundverständnis von Gesundheit bzw. Krankheit wurzelt der Anspruch vieler KindergynäkologInnen, das Zugriffsalter bis zur Geburt auszudehnen; einige gehen bereits darüber hinaus und versuchen, pränatale gynäkologische Untersuchungen durchzusetzen. Nicht ganz so weit ging 1992 das von den deutschen kindergynäkologischen Verbänden organisierte erste Berliner Symposium für Kinder- und Jugendgynäkologie: Diskutiert wurde jedoch die Einführung einer obligatorischen Untersuchung für alle 10- bis 12jährigen Mädchen. Es traten zwar zahlreiche interne Differenzen zutage: Bemerkenswert ist das Ereignis dennoch, da – sollte sich die Forderung durchsetzen lassen – ein wichtiger Schritt getan würde zur Etablierung einer medizinischen Disziplin, die unter «offensichtlichem Begründungsnotstand» (ebenda, 163) leidet.

Die Diskurse, die der Kindergynäkologie zugrunde liegen und von ihr selbst mitproduziert werden, lassen sich unterteilen in medizinische und sexualpädagogische.

### *1.4.1. Medizinische Diskurse*

Bei den medizinischen Diskursen handelt es sich um physiologisch-funktionelle und morphologische Theorien und Hypothesen der körperlichen Entwicklung. Erklärtes Ziel dieser Diskurse ist die Sicherstellung von Gesundheit, Reproduktionsfähigkeit und Attraktivität – alles Fragen, mit denen sich ein vorpubertäres Mädchen aus eigenem Antrieb höchstens am Rande beschäftigen würde (im Fall der Attraktivität mag das Interesse der Mädchen vorhanden sein, die Beschäftigung damit findet jedoch unter anderen Gesichtspunkten als denjenigen der KindergynäkologInnen statt). Da die meisten Mädchen nicht unter Beschwerden leiden und die Motivation zu Untersuchung und Behandlung nicht von ihnen selbst ausgeht, trägt die Kindergynäkologie Züge einer aufoktroyierten Prävention.

Die medizinischen Diskurse enthalten klare – wenn auch unter GynäkologInnen nicht unumstrittene – Aussagen darüber, welche Entwicklungen als normal und zulässig gelten und welche als behandlungsbedürftig einzuschätzen sind. Dies betrifft, wie Schüssler/Bode ausführen, im physiologisch-funktionellen Bereich den Hormonhaushalt sowie alle für die Reproduktion wesentlichen Körperpartien, im morphologischen die ästhetische Erscheinung des Körpers, insbesondere die primären und sekundären Geschlechtsmerkmale und die Körperlänge.

Zur Art der Verknüpfung von Schönheitsnormen und funktionellen Körpervorgängen schreiben Schüssler/Bode:

> Der ideologische Charakter der Kindergynäkologie im Sinne einer aktiven Beteiligung an der gesellschaftlichen Zurichtung der Mädchen besteht in diesem Zusammenhang nun gerade in der wissenschaftlich-medizinischen Behauptung, diese externen (morphologischen) Normen im wesentlichen durch interne endokrine Zustände zu beweisen. Da diese aber in ihrem physiologischen Charakter gleichsam «Natur» verkörpern, erscheinen dann auch die morphologischen (gesellschaftlichen) Erwartungen – an Gestalt und Form – als «natürlich» und unabhängig von soziokulturellen Setzungen: Das Schönheitsideal wird zur ersten Natur umgedeutet. (ebenda, 72)

Mit Hilfe wissenschaftlicher Diskursivierung wird somit der Prozess des Konstruierens und der wechselnden Verknüpfungen von Körperlichkeit, Sexualität und Geschlecht unkenntlich gemacht.

### 1.4.2. *Sexualpädagogische Diskurse*

Bei den pädagogischen Diskursen stehen nicht tatsächliche oder erwartbare Beschwerden im Vordergrund, sondern Hygiene- und Sexualerziehung einschliesslich Verhütungsberatung und Vermittlung bestimmter Einstellungen zum Sexualverhalten.

Dem Hygieneverhalten, das den Mädchen vermittelt werden soll, liegt die Annahme der prinzipiellen Unsauberkeit weiblicher Genitalien zugrunde. Diese Annahme dient unter anderem dazu, das besondere Interesse ärztlicher und pädagogischer Autoritäten zu legitimieren. Vermittelt werden die minutiös aufgelisteten Normen dieser alltäglichen (späten) Reinlichkeitserziehung zum

Teil direkt von ÄrztInnen, zum Teil über Informationsbroschüren und Aufklärungsschriften sowie über den Einbezug der Mütter. Die Anleitungen reichen von der Art und Häufigkeit des Waschens im Genitalbereich über Aussagen zur richtigen Kleidung (es sollen den Genitalien zuliebe nicht ausschliesslich Hosen getragen werden) bis hin zur speziellen Hygiene während der Menstruation.

Neben der Sexualhygiene nimmt innerhalb der explizit sich als pädagogisch verstehenden Diskurse die Sexualerziehung/-aufklärung breiten Raum ein. Beide Bereiche sind im Rahmen der Kindergynäkologie eng miteinander verknüpft; wo die Hygieneanweisungen jedoch (zumindest vordergründig) das Verhältnis des Mädchens zum eigenen Körper thematisieren, stellen die Sexualerziehungsdiskurse den Körper direkter in den Zusammenhang der Geschlechterbeziehungen. In diesen Diskursen geht es nicht nur um Verhütungsberatung, sondern darüber hinaus auch um psychologische Themen wie geeignete Partnerwahl und Beziehungsgestaltung. Hinzu kommt die Frage nach dem Stellenwert der Masturbation, die gemäss Schüssler/Bode unter den liberal gesinnten KindergynäkologInnen als tolerierbar gilt, da sie «ein notwendiges Training für die sexuelle Optimierung der Lust der Männer abgebe» (SCHÜSSLER/BODE 1992, 58).

Während die Hygieneerziehung Bilder von defizitärer, weil biologisch bedingt unhygienischer Weiblichkeit schafft/zementiert, unterlegt die Sexualerziehung ihre Bestrebungen mit der Vorgabe und der Forderung eindeutiger Heterosexualität. Sie tut dies in erster Linie durch die Setzung der Reproduktionsfähigkeit/-bereitschaft als zentrales pädagogisches und medizinisches Ziel, weniger direkt aber auch durch den gesamten Beziehungsdiskurs, der sich am Ideal der erfüllten Beziehung zu einem Mann (und den dadurch zu erwartenden Kindern) orientiert.

Beide Richtungen wirken normierend und kontrollierend, können jedoch nicht als ausschliesslich repressiv verstanden werden. Sie haben auch den produktiven Effekt, den Mädchen Konzepte für den Umgang mit dem eigenen Körper anzubieten. Diese

Konzepte unterdrücken nicht eine sich ansonsten natürlich entwickelnde Weiblichkeit, sondern schaffen eine körperliche Realität, mögliche Subjektpositionen, die mit in anderen Kontexten hergestellten Positionen gewisse Dimensionen teilen oder von diesen auch radikal abweichen können. Das Postulat der Heterosexualisierung ist Bestandteil beinahe aller einem Mädchen an anderen gesellschaftlichen Orten verfügbaren Subjektpositionen; die ästhetischen Ideale variieren stärker und können beispielsweise zwischen Kindergynäkologie und bestimmten Sportarten radikal divergieren, so dass ein Mädchen, das an beiden Orten partizipiert, individuelle Strategien erfinden muss, um die Widersprüchlichkeit der Subjektivitäten und Körperlichkeiten praktikabel zu halten.

### 1.4.3. *Motive und Zielsetzungen der kindergynäkologischen Diskurse*

Schüssler/Bode bezeichnen die Hygieneerziehung als sexualästhetische Erziehung (der Begriff ist von einer publizierenden Kindergynäkologin übernommen) und nennen für diese Diskursrichtung sowie für die übrige Sexualerziehung folgende Motive:

- Erhaltung der Fortpflanzungsfähigkeit
- Erhaltung einer «unauffälligen pflege- und wartungsfreien weiblichen Sexualität» («Kohabitationsfähigkeit»)
- Wahrung der sexuellen Attraktivität für den Mann. (SCHÜSSLER/BODE 1992, 51)

Demgemäss unterscheiden sich diese Motive nicht von denjenigen, die bei den medizinischen Diskursen zum Tragen kommen. Genau genommen, handelt es sich jedoch nicht um Motive, sondern um eine Auswahl von Zielen. Fasst man Motiv als Motivation im Sinne eines Anreizes, bestimmte Diskurse zu entwickeln und zu praktizieren, so treten von seiten der GynäkologInnen andere Motive in den Vordergrund wie ökonomischer Nutzen (die Langzeitinvestition in das Patientinnengut), Kontrolle, individuelle Machtausübung und die verhältnismässig freie Verfügung über weibliche Körper. Ebenfalls eine Rolle spielen gemäss Schüssler/Bode bevölkerungspolitische Erwägungen. Gerhard Amendt spricht in seiner kritischen Arbeit *Die Macht der Frauenärzte* überdies sadistische Phantasien von (männlichen) Gynäkologen an,[32] die gemäss seiner Interpretation darauf abzielen, «die bedrohend empfundene Körperlichkeit der Frau von ihrer Natürlichkeit zu befreien und nach eigenen Vorstellungen neu aufzubauen» (AMENDT 1991, 59).

Diese psychologische Erklärung reicht gewiss nicht aus, um das «wilde Schneiden» (Amendt) an weiblichen Genitalien zu erklären. Ich halte jedoch Sadismus – nicht als individualpsychologisches Phänomen, aber als Effekt einer spezifischen institutionalisierten Machtkonstellation – in diesem Zusammenhang durchaus für plausibel. Amendt befasst sich v.a. mit erwachsenen Patientinnen; die sadistischen Phantasien richten sich jedoch offensichtlich auch auf Mädchen. So steht z. B. in einem gynäkologischen Lehrbuch, da Frauen nicht mehr stillen, sei die Brustdrüse

> damit überflüssig geworden, und wir können sie zur Vorbeugung gegen Brustkrebs schon vorsorglich beim Mädchen entfernen. In der Bundesrepublik Deutschland könnte man auf diese Weise etwa 10000 Brustkrebstodesfälle pro Jahr verhindern (müsste allerdings die Sterblichkeit der «Vorsorgeoperation» dagegen aufrechnen). Die Natur schützt sich gegen solche Manipulationen mit psychologischen Waffen: Sie gibt dem überflüssigen Organ eine neue Aufgabe. Es wurde zum Sexsymbol, und seitdem können die Frauen gar nicht genug von diesem «überflüssigen» Organ bekommen. (Lippert 1979, zitiert nach AMENDT 1991, 57)

32 Vgl. das Kapitel *Der Frauenarzt als Sadist oder Totalitäre Gynäkologie* (Amendt 1991, 40–62). Amendt befasst sich darin mit ärztlichen (Macht-) Phantasien, die sich mit dem «starke[n] Interesse an der chirurgischen Umgestaltung der weiblichen Sexualorgane» (a. a. O., 59) verbinden.

Welche Motive die Mädchen – oder deren Mütter – dazu bringen, sich diesen Diskursen und Erziehungsmassnahmen auszusetzen, wird bei Schüssler/Bode nur am Rande angesprochen. Die Autorinnen machen zum einen das Versagen gesellschaftlicher Einrichtungen, besonders der Sozialpädagogik, dafür verantwortlich, dass Mädchen in der Medizin nach Antworten auf Fragen bezüglich ihrer Sexualität suchen. Zum anderen nennen sie den gesellschaftlichen Stellenwert des Expertenwissens, das verunsichernd wirke und die Eigenwahrnehmung für unzuverlässig und wertlos erkläre, als Motiv für die Akzeptanz dieses neuen Medizinzweigs. Als weiteres Motiv mögen auch die im Zuge von Individualisierungstendenzen in den letzten Jahrzehnten gewachsene Sorge um die Gesundheit wirken sowie verschiedene gesellschaftliche Körperkulte, die gesunde Körper mit Lebensqualität, Leistungsfähigkeit und sozialer Anerkennung in Verbindung bringen.

Hinzu kommt – nicht als Motiv, aber als Bedingung der Akzeptanz gegenüber der Kindergynäkologie – von seiten der Mädchen und ihrer Betreuungspersonen die Bereitschaft, die Zuständigkeit und Verantwortung für weibliche Körper an ExpertInnen zu delegieren. Auf diesen Punkt sowie auf die daraus resultierende Erwartungshaltung weist Amendt hin:

> In ihrer recht jungen Geschichte ist es der Gynäkologie gelungen, den Frauen nicht nur buchstäblich eine Reihe erfundener Krankheiten anzuhängen, sondern Frauen so zu erziehen, dass sie an den Gynäkologen eine kaum zu bändigende Erwartungshaltung auf Hilfe und Verständnis entfaltet haben. (AMENDT 1991, 52)

Ein grosser Teil der Patientinnen suchen den Arzt überdies auf, nicht weil sie an körperlichen Beschwerden leiden, sondern aus präventiven Gründen, d.h. im Glauben an den Nutzen und die Notwendigkeit ärztlicher Kontrolle im Hinblick auf die zukünftige gesundheitliche Verfassung.

Bedenkt man jedoch die Institutionalisierungsprobleme dieses Fachgebietes, so ist eher nach den Motiven zu fragen, die den Besuch beim Kindergynäkologen verhindern. Offensichtlich herrscht entweder Skepsis oder Gleichgültigkeit – vielleicht auch blosses Unwissen – seitens der Eltern und anderer Betreuungspersonen. Schüssler/Bodes wie auch Amendts Interpretationen der gynäkologischen Praxis legen den Schluss nahe, dass die Kindergynäkologie vor einem gravierenden Legitimationsdefizit steht. Medizinische Gründe für eine stärkere Etablierung von Kontrolluntersuchungen bei Mädchen können nicht mit der nötigen Überzeugungskraft geltend gemacht werden; andere – psychologische, pädagogische – Legitimierungsversuche stossen ebenfalls an Grenzen, da sie mit verschiedenen sozialen Einrichtungen und Angeboten konkurrieren müssen.

Zu berücksichtigen ist ferner das allgemein gewachsene Misstrauen gegenüber der Medizin, das sich parallel zum Bedeutungszuwachs des Expertenwissens entwickelt hat. Ein Produkt dieses Misstrauens ist die Frauengesundheitsbewegung,[33] die sich gerade im gynäkologischen Bereich stark ausbreitete und ihr Augenmerk bevorzugt auf Macht, Kontrolle, Fremdbestimmung und die medizinische Praxis der (am männlichen Körper und Alltag orientierten) Krankheitsdefinition richtete. Zudem hat die Ausbreitung der Reproduktionstechnologien etliche kritische Stellungnahmen herausgefordert, die gynäkologische Eingriffe unter dem Aspekt von Kontrolle und Unterdrückung thematisieren.[34] Möglicherweise besteht ausserdem eine Abneigung gegen sehr frühe Sexualisierungsversuche am Mädchenkörper. Diese dürfte durch die breite öffentliche Diskussion der sexuellen Ausbeutung von Kindern eine Verstärkung erfahren.

33 Irmgard Vogt gibt einen kurzen Überblick über die Entwicklung der Frauengesundheitsbewegung in Deutschland. Es handelt sich um eine sehr heterogene Bewegung, die von Selbshilfegruppen bis hin zur Einrichtung feministischer Beratungs- und Behandlungszentren reicht. Ein erklärtes Ziel der gesamten Bewegung besteht in der Förderung von Selbstbestimmung bezüglich Gesundheit und Krankheit. (VOGT 1989)

34 Vgl. etwa Gena Corea (1988) oder Renate D. Klein (Hg.) (1989)

## 2. VERGESCHLECHTLICHUNG IM RAHMEN DER MEDIKALISIERUNG DES KÖRPERS

Aus den genannten Elementen – räumliches Arrangement, Untersuchungs- und Behandlungsmethoden, medizinische und sexualpädagogische Diskurse – entstehen Verknüpfungen, die sich als unterschiedliche Strategien der Vergeschlechtlichung fassen lassen. Als medikalisierend sind diese Strategien zu bezeichnen, weil sie die Körper, die sie hervorbringen und auf die sie mit ihren Diskursen und Techniken zielen, auf medizinische Aspekte reduzieren und unter medizinische Definitions-/Verfügungsmacht stellen. Schüssler/Bode definieren Medikalisierung etwas ausgreifender. Sie verstehen darunter

> die Entmündigung der Mädchen durch die Unterordnung ihrer lebensweltlichen Zusammenhänge unter die Verfügungsgewalt medizinischer Wissenschaft und ihrer Träger (SCHÜSSLER/BODE 1992, 19f.).

Die lebensweltlichen Zusammenhänge kommen hier nur insofern zur Sprache, als sie den Körper betreffen. Den Prozess der Entmündigung der Mädchen würde ich nicht per Definition als Bestandteil der Medikalisierung betrachten, obwohl die Tendenz in diese Richtung im Fall der Kindergynäkologie unübersehbar ist. Setzt man die Entmündigung – eine repressive Machtwirkung – als Haupteffekt der medizinischen Verfügungsmacht, so verschwinden hinter der Unterdrückung die produktiven Wirkungen dieser Macht und damit die Frage, welche neuen Körperlichkeiten im kindergynäkologischen Kontext entstehen. Das Vorgehen von Schüssler/Bode weist in diese Richtung. Die Autorinnen thematisieren die Kindergynäkologie vor dem Hintergrund eines repressiven Machtmodells, in dem das Mädchen als geschlechtlich bestimmtes Individuum in der Entwicklung seiner Körperlichkeit und Identität unterdrückt, normiert, beschädigt wird. So wird die Idee eines Körpers bewahrt, der, sofern er der Repression entgeht, unversehrt bleiben kann. Die Konzeption einer produktiven Macht hingegen kennt keinen idealerweise unversehrten Körper, sondern lediglich auf verschiedene Weisen hervorgebrachte Körperlichkeiten. Die Ergebnisse von Schüssler/Bode werde ich hier statt in dem von den Autorinnen verwendeten Repressionsmodell aus der Perspektive produktiver Machtverhältnisse lesen.

Im folgenden greife ich als zentrale Strategie der Vergeschlechtlichung diejenige der Heterosexualisierung des weiblichen Kinderkörpers heraus.

## 2.1. *Strategie der Heterosexualisierung*

Meine These zu dieser Strategie lautet: Die Kindergynäkologie stellt Geschlecht her, indem sie Mädchenkörper heterosexualisiert. Das Geschlecht ist nicht das, was der Heterosexualisierung vorausgeht, sondern einer ihrer zentralen Effekte.

Damit soll nicht gesagt sein, (Hetero-)Sexualität sei ursprünglicher als Geschlecht. Die Frage nach dem Ursprung ist vielmehr dahingehend zu beantworten, dass beide Komplexe als gleichursprünglich anzusehen sind. Hier geht es jedoch nicht um Ursprünge, sondern um Konstruktionsbedingungen. Diese variieren zu unterschiedlichen Zeiten und in unterschiedlichen Kontexten. Meine These zur Vorgängigkeit der Heterosexualität im Falle der Kindergynäkologie ist demnach nicht als allgemeingültige Aussage zu werten und also nicht einfach auf andere Kontexte und Problembereiche übertragbar.

Natürlich verfügen Mädchen, die mit der Kindergynäkologie in Berührung kommen, bereits über mehrere Konzepte von Geschlecht.[35] Versteht man aber Geschlecht nicht als Substanz oder

35 Tyrell weist darauf hin, dass hier kulturelle Differenzen bestehen und gewisse Gesellschaften Kinder in einem geschlechtsindifferenten Sozialraum plazieren:
«Darüber hinaus gibt es kulturelle Konstellationen, die den klassifikatori-

als Identitätskategorie, sondern als performativen Akt und als «Komplex politischer Schranken» (Butler), so muss in jedem Kontext von neuem gefragt werden, welche Macht und welche Strategien die jeweilige Realität herstellen. Das Geschlecht wird nicht von aussen in die Arztpraxis mitgebracht; was das Mädchen mitbringt, sind unterschiedliche Möglichkeiten von Subjektivität und Körperrealität, die aber nicht einfach von der Kindergynäkologie verwaltet werden. Letztere mag einzelne Elemente aus aussermedizinischen Geschlechtlichkeiten übernehmen, das Geschlecht, das sie einkörpert, lässt sich jedoch nicht als lineare Fortführung eines bereits bestehenden Geschlechts begreifen, sondern als eine von vielen Strategien, mittels Einsatz verschiedener Machttechniken den Effekt Geschlecht zu erzielen. Wenn dabei diskursive oder technische Elemente mit solchen aus anderen Kontexten identisch erscheinen, so deutet dies nicht zwangsläufig auf denselben strategischen Einsatz hin; Diskurse können, ohne ihre Form zu ändern, sehr unterschiedliche taktische Zwecke erfüllen.

Die Geschlechts- und Körperentwürfe, wie sie die Kindergynäkologie inszeniert, bilden also nicht die einzigen den Mädchen zur Verfügung stehenden Subjektivitäten. Es findet weder eine kontinuierliche Fortführung aussermedizinischer Einkörperungen statt, noch werden letztere durch medizinische Entwürfe einfach ersetzt; vielmehr entstehen durch die Kindergynäkologie zusätzliche Realitäten, so dass Körper und Geschlecht des

schen Status von Kindern definitiv geschlechtlich neutralisieren. [...] Geschlechtliche Indifferenz kann [...] zum ersten da üblich sein, wo Gesellschaften die (erste) Menstruation zum Anlass einer rigorosen und tabuistischen Separierung der Mädchen nehmen, wo die gesamte ‹Politik› einer institutionellen Trennung der Geschlechter von der weiblichen Menstruation und den damit verbundenen Verunreinigungsgefahren her inszeniert wird [...].» – Entsprechendes gilt auch für Jungen, wenn nämlich «die nicht initiierten Knaben und jungen Männer (in unserem Sinne) in den Status einer Art Neutrum oder eines androgynen Tertium geraten. Hier mag es auch sein, dass sie, weil unter Frauen lebend und klassifikatorisch zu ihnen gehörend, dann auch weiblich nominiert sind.» (TYRELL 1986, 471)

Mädchens heterogene Komplexe oft widersprüchlicher Realitäten bilden.

Die Strategie der Heterosexualisierung ist daher kein linearer Prozess; sie besteht aus mehreren taktischen Ansätzen, die weder in sich noch untereinander widerspruchsfrei funktionieren. Um einige dieser taktischen Linien der Heterosexualisierungsstrategie geht es im folgenden: Fragmentierung des Körpers durch Isolierung von Organen und Körperpartien, Einkörperung einer sexuellen Relationalität, Pädagogisierung der Sexualität.

### 2.1.1. *Fragmentierung des Körpers*

Die Annäherung der Kindergynäkologie an den Körper verläuft wie in der übrigen Medizin über die Methode des Isolierens und Sezierens. Mit Hilfe des ärztlichen Blicks und der diversen Mess- und Untersuchungsmethoden wird zunächst der gynäkologische Einflussbereich abgesteckt. In diesen Prozess eingewoben sind medizinische Diskurse, die die entsprechenden Körperbereiche bezeichnen und in den kulturellen Zusammenhang einer gesellschaftlich institutionalisierten Zuständigkeit für weibliche Körper einbinden. Auf diese Weise schafft der Besuch beim Kindergynäkologen eine neue Realität des fragmentierten, potentiell krankheitsanfälligen Körpers im Bereich sexueller und reproduktiver Funktionen sowie der morphologischen Erscheinung. Dem Mädchen werden durch die Techniken verbaler, visueller und messender Isolation einzelner Körperteile Organe, Funktionen, Bilder als kulturelle Sachverhalte eingesetzt in einer Weise, wie sie ausserhalb der Medizin nicht existiert. Sie bekommt einen Uterus zugewiesen, einen Hormonstatus, einen standardisierten Entwicklungsverlauf und die genaue Lokalisierung von Körperzonen, deren Bedeutung zu einem biographisch noch aufgeschobenen Zeitpunkt von entscheidender Wichtigkeit sein sollen. Die besondere Aufmerksamkeit, die dabei dem Uterus zukommt, charakterisiert ein Stück symbolische Praxis, die den Körper über ein dem Blick und der Selbstwahrnehmung entzogenes Fragment zugleich pathologisiert und für besonders wertvoll erklärt. Da sich Funktionstüchtigkeit und Aussehen dieses Organs nur über ärztliches Inspizieren und auf der Grundlage ärztlichen Wissens überhaupt feststellen lassen, bleibt das aus kindergynäkologischer Sicht wichtigste Organ der Zuständigkeit von ExpertInnen vorbehalten. Die existentielle Praxis besteht für das Mädchen in der Erfahrung, sich vor einem erwachsenen Experten zu entblössen, sich abtasten, inspizieren, messen zu lassen, einem Arzt freien Zugang zu normalerweise nicht offen gezeigten Körperpartien zu gewähren.

Die symbolische Praxis, die sich von ärztlicher Seite her mit den Diskursen verbindet, wird dem Mädchen erst allmählich und stückweise zugänglich. Dennoch erzielt sie Wirkungen, die beim Mädchen eine eigene symbolische Praxis der weiblichen Körperlichkeit konstituieren.

Überdies kann diese Erfahrung zu einer symbolischen Praxis objektiviert werden, die weibliche Gesundheit/Krankheit als etwas in besonderem Masse Verborgenes bestimmt. Auf dieser Grundlage wiederum lassen sich die Anstrengungen legitimieren, am symptomfreien Körper Untersuchungen und Messungen vorzunehmen. In diesem Fall funktionieren die beteiligten medizinischen Praktiken zirkulär: Durch die minutiöse Suche nach der Gesundheit/Krankheit schaffen sie ein Verborgenes, nach dem sie dann mit immer präziseren und raffinierteren Methoden suchen können. Eine so konstruierte geschlechtliche Gesundheit bleibt zwangsläufig provisorisch, was fortwährendes Misstrauen und argwöhnische Versuche begründet, das Gesunde/Kranke ans Tageslicht zu holen.

Wie Amendt sowie Schüssler/Bode vermerken, stellt die im Untersuchungsritual durchgesetzte Nacktheit der Patientin eine im deutschsprachigen Raum übliche Praxis dar, während in angelsächsischen, südeuropäischen und lateinamerikanischen Ländern nur die jeweils zu untersuchenden Körperregionen entblösst werden. Amendt wie auch Schüssler/Bode sehen in der Forderung nach Nacktheit eine Geste der Herrschaft und Inbesitznahme weiblicher Körper durch Männer. Folgt man statt einem repressiven Machtmodell der Vorstellung produktiver Machtverhältnisse, so stellt sich die Nacktheit nicht als blosses Herrschaftssymbol dar, sondern als Teil einer nichtdiskursiven Praxis der Konstruktion von Körperlichkeit. Die Durchsetzung von Nacktheit als Machttechnik produziert Effekte wie bestimmte leiblich-affektive Erfahrungen – z. B. Peinlichkeit – und die einseitige Sexualisierung der Behandlungssituation. Ein weiterer Effekt ist zudem die Anregung bestimmter Kommunikationsformen zwischen Arzt und Patientin. Darunter fallen die bewusst sachlichen Gespräche ebenso wie sexuelle Anspielungen oder grobe Handgriffe – Handlungen, die Amendt als ärztliche Strategien bezeichnet, Angst, Bedrohung, Peinlichkeit zu bewältigen. Amendt befasst sich eingehend mit der Angst und den Unsicherheiten männlicher Gynäkologen, die aus seiner Sicht in der (im Herrschaftszusammenhang der Geschlechterverhältnisse entstandenen) männlichen Psychologie begründet sind. Aus meiner Perspektive begreife ich diese affektive Zuständlichkeit des Arztes als Teil der Produktion von (männlichem und weiblichem) Geschlecht. Die Furcht und das Gefühl, von der weiblichen Sexualität würden spezielle Bedrohungen ausgehen, sind Effekte von Machttechniken, die den Arzt in das Dispositiv der Zweigeschlechtlichkeit einbinden. Denn ebenso wie der Körper sind auch die weibliche Sexualität und das Bedrohliche daran historisch spezifische Effekte von Machtstrategien, die zwei Geschlechter schaffen, indem sie alle Individuen binär kodieren und über die so hergestellte Differenz aneinanderbinden.

### 2.1.2. *Einkörperung sexueller Relationalität*

Die beschriebenen Praktiken und Diskurse wirken heterosexualisierend: Sie setzen eine radikale Trennung zwischen Mädchen und Jungen und binden das Mädchen an den (vorerst symbolischen) Verweis auf erwachsene Männer, indem sie den Mädchenkörper als fortpflanzungsfähig und seine Sexualität als Kohabitationsfähigkeit konstituieren. Die Körperlichkeit der Kindergynäkologie ist eine relationale auf der Ebene der Materialität und der Sexualität. Was dabei medizinisch markiert wird, ist ausschliesslich das Weibliche – und zwar nicht über einen Mangel, sondern über das Herauspräparieren und Diskursivieren von Körperpartien, zu denen das Männliche keine Entsprechung aufweist, die jedoch über das symbolische Kriterium von Fortpflanzung und postuliertem Geschlechtsverkehr den Verweis auf männliche Körper in sich enthalten. Ebenfalls kein Äquivalent setzt die Medizin im Bereich der Hormone und Körperflüssigkeiten. Der Hormonstatus des Jungen bedarf keiner institutionalisierten Überwachung, während derjenige des Mädchens streng standardisiert ist. Zudem werden Menstruationsblut und Scheidenflüssigkeit genau untersucht und – erklärtermassen aus hygienischen Gründen – als überwachungsbedürftig definiert.

Die Herstellung einer Relationalität im Mädchenkörper erfolgt über die Sexualisierung der isolierten Körperpartien; von Belang ist dabei nicht das Kriterium der Lust – diese ist keine unbedingt relationale Erscheinung – und der erogenen Zonen, sondern dasjenige der Fortpflanzung, wodurch auch dort auf ein Ergänzendes verwiesen wird, wo sich dieses nicht explizit zeigt. Der Körper erfährt in der Kindergynäkologie eine erhebliche Differenzierung: Er trifft auf ein Symbolisches, das ihn öffnet und seziert, innere und äussere Bestandteile abbildet, objektiviert und diskursiviert, seiner Entwicklung einen schematisch und tabellarisch erfassten Verlauf vorgibt und ihn in eine Form von Gesundheit zwingt, die zu Geschlechtsverkehr und Gebären befähigt.

In der Kindergynäkologie wirkt eine Macht, die den Körper

fragmentiert, seine Begrenzungen verschiebt und in bestimmter Weise durchlässige wie undurchlässige Stellen festlegt. Damit werden die Umrisse eines kulturellen Geschlechts bestimmt, das sich nicht nur auf die Oberfläche, sondern auch auf das Innere des Körpers erstreckt. Mittels unterschiedlicher Regulierungsverfahren wird der Körper in seiner Fragmentierung normiert, werden Abweichungen korrigiert, Entwicklungen postuliert und kontrolliert im Hinblick auf ein zeitlich aufgeschobenes Ziel. Dadurch, dass die Kindergynäkologie Körperpartien auf relationale Weise sexualisiert, setzt sie eine Differenz durch zu einem (biographischen) Zeitpunkt, zu dem das Mädchen unter Umständen weder morphologisch noch physiologisch-funktionell einen Unterschied zwischen sich und männlichen Kindern wahrzunehmen braucht. Besonders bei sehr jungen Kindern konstituiert sich so eine medizinische symbolische Praxis der Differenz vor der Entwicklung einer geschlechtlich differenzierenden existentiellen Körperpraxis. In diesem Fall geht die Heterosexualisierung dem Geschlecht auch zeitlich voraus.

Die hier vertretene These bezeichnet jedoch in erster Linie die Taktiken und Regulierungsverfahren innerhalb der Kindergynäkologie. Dort geht es nicht um eine biographische Abfolge von Heterosexualität und Geschlecht, sondern um die Methoden der Einkörperung von Geschlecht. Wie dargelegt, wird dabei der auf ein Anderes verweisende gynäkologisch hergestellte Körper zum Träger eines Geschlechts deklariert, das über die Heterosexualität erst eingekörpert wird. Es existiert kein kulturelles Modell dafür, wie in der Gynäkologie ein Körper als weiblich konstruiert werden könnte ohne eine sexuell verstandene Relationalität.

### 2.1.3. *Zur Verknüpfung von Fragmentierung und Relationalität*

Dem Körper wird also nicht eine Symbolik übergestülpt: Er wird produziert im Rahmen eines Symbolischen, das ihn in seinen sexualisierten Fragmenten auf einen anderen, männlichen (nicht fragmentierten) Körper verweist. – Der männliche Körper wird in anderen gesellschaftlichen Kontexten produziert, wobei die Medizin bei Knaben kaum eine Rolle spielt. Die Vergeschlechtlichung zum männlichen Körper bedarf keiner Praxis des Öffnens, Sezierens und Isolierens von Organen. Hingegen greifen auch hier Strategien der Heterosexualisierung; in welcher Weise dies geschieht, wäre jedoch gesondert zu untersuchen. – Die in der Kindergynäkologie wirksame Definitions- und Kontrollmacht lässt dem heterosexualisierten Körper keine Wahl mehr bezüglich seines Geschlechts. Aus einem heterosexuellen Arrangement wird zwangsläufig ein zweigeschlechtliches. Die Ausprägungen von Weiblichkeit, die daraus resultieren, müssen daher nicht mehr zum Männlichen in seiner konkreten oder phantasmatischen Form in Beziehung gesetzt werden, sie sind über die Heterosexualisierung bereits daran gebunden und nur durch die Herstellung einer anderen Körperlichkeit als der gynäkologischen daraus zu lösen.

So ist die strikte Binarität, wie sie der Alltagstheorie der Zweigeschlechtlichkeit zugrunde liegt, eher aus der Heterosexualisierung des Körpers zu verstehen als aus der Symbolik des Geschlechts. Geschlecht als indexikalischer Begriff[36] lässt in seiner symbolischen Dimension nämlich keineswegs die strikte Dichotomie erkennen, die ihr oft unterschoben wird. Nicht einmal in den banalsten Gegenüberstellungen wie stark/schwach, rational/emotional etc. wird die Dichotomie eindeutig und stringent auf die Geschlechter angewandt: Sowohl in der symbolischen als

36 Hirschauer spricht in diesem Zusammenhang von indexikalischen Zeichen: «Es scheinen nicht einzelne Indizien, sondern der variable Zusammenhang von Darstellungselementen für Geschlechtsattribution wichtig. Sie sind Wahrnehmungen einer Gestalt, deren Elemente nicht nur ‹informativ› sind, sondern sinnhaft-selbstidentifizierend in dem aus ihnen konstituierten Kontext. Darstellungselemente sind also indexikalische Zeichen, die sich nicht ‹addieren› […], sondern gegenseitig ihr ‹Geschlecht› erzeugen.» (HIRSCHAUER 1989, 108f.)

auch in der existentiellen Praxis der konkreten Geschlechterbeziehungen siedeln sich die inhaltlichen Bestimmungen auf einem Kontinuum variabler symbolischer Verknüpfungen an. Zudem sind sie meist von Ambivalenzen durchzogen und alles andere als eindeutig oder zwingend. Eine Kritik an der Macht, die das Dispositiv der Zweigeschlechtlichkeit hervorbringt, muss beim Artefakt des heterosexualisierten Körpers ansetzen. Wird statt dessen nur die Dichotomie der Geschlechtersymbolik kritisiert, so bleibt dem Dispositiv seine binäre Struktur trotz veränderter Geschlechterbilder erhalten. Solange es die Relationalität der Geschlechter durchzusetzen vermag, kann es auch politisch stabile Ungleichheiten aufrechterhalten.

Die Strategie der Heterosexualisierung schafft aus der willkürlichen und für das Mädchen vorerst belanglosen Tatsache ihrer eventuellen späteren Reproduktionsfähigkeit ein ganzes Konstrukt an relationalen, komplementären Phantasmen, deren Hauptwirkung in der unentrinnbaren Vergeschlechtlichung von Kinderkörpern besteht. Das so entstehende Geschlecht erscheint als höchst krankheitsanfällig, kontroll- und korrekturbedürftig nur schon dadurch, dass der Ort seiner Entstehung ein Ort der Untersuchung und Heilung organischer Störungen oder Defekte ist. In diesem Zusammenhang wird dann auch die Tatsache wichtig, dass ein Grossteil der KindergynäkologInnen männlich ist. Durch ihre Person inszenieren Ärzte den Akt der Heterosexualisierung gleich selbst am Körper des Mädchens, indem sie zu diesem in eine asymmetrische Beziehung treten. Das (oft unfreiwillig) in die Praxis gebrachte Mädchen macht die Erfahrung – die Teil der Vergeschlechtlichung ist –, dass ein fremder, mit legitimer Verfügungsmacht ausgestatteter Arzt freien Zugriff auf ihren Körper hat sowie das Recht und die Macht, diesen gemäss standardisierten Normen zu beurteilen bzw. zu verändern. Bezeichnend ist in diesem Zusammenhang die Bemühung von Kindergynäkologen, die Schamgrenze zu verschieben. Schüssler/Bode zitieren dazu einen Arzt:

> Ist das Mädchen als Säugling und Kleinkind bei den kinderärztlichen Untersuchungen ganz selbstverständlich ausgezogen, so darf es in späteren Lebensjahren das Unterhöschen meist anbehalten. Wäre es auch in späteren Lebensjahren für das Mädchen weiterhin ganz normal, dass der Arzt auch das Genitale untersucht, so würde nicht über Jahre eine Hemmschwelle aufgebaut, die dann später vom Gynäkologen mühsam wieder abgebaut werden muss. [...] Das Fehlen dieser Hemmschwelle, die mit der natürlichen Scham nicht zu verwechseln ist, würde zwar die gynäkologische Untersuchung nicht angenehmer, aber selbstverständlicher machen – sie würde nicht die Sonderstellung einnehmen, die sie auch heute noch im Bewusstsein vieler Patientinnen hat. (SCHÜSSLER/BODE 1992, 147f.)

Diese Passage zeigt deutlich einen Zug in der Heterosexualisierungsstrategie, der dahin zielt, den männlichen Zugriff auf den weiblichen Körper bereits beim Mädchen zu verankern, in diesem Falle mittels gezielter Beeinflussung des Leiblich-Affektiven. Die angestrebte Aufhebung der Scham mache den Zugriff zwar nicht angenehmer, aber selbstverständlicher. Somit liegt die taktische Produktivität in der Gewöhnung an eine unangenehme Körpererfahrung des Mädchens sowie in einer Erweiterung des Handlungsspielraumes des Arztes. Dass solche Ziele ein hohes Missbrauchsrisiko bzw. einen geringen Widerstand der Mädchen gegen Missbrauch mit sich bringen (sollen), ist Bestandteil der auf Heterosexualität gründenden Geschlechtlichkeit. Wie Schüssler/Bode belegen, wird die Sexualisierung der Arzt-Patientin-Beziehung von einzelnen Gynäkologen nicht nur nicht geleugnet, sondern explizit benannt und als Vorteil für die Behandlung angesehen.

Sofern der Arzt männlich ist, kommen an diesem Punkt existentielle und symbolische Praxis teilweise zur Deckung. Die Einkörperung eines physiologischen Funktionsmodells und dessen explizite Verknüpfung mit einer darauf abgestimmten (Hetero-)Sexualität weist die asymmetrisch wirkende Zugriffs-, Definitions- und Kontrollmacht in beiden Bereichen einer als männlich definierten Person zu. Trifft das Mädchen auf eine Ärztin, so herrscht keine solche Kongruenz. Da dieselbe symbolische Praxis wirkt, greift die Heterosexualisierungsstrategie hier ebenso wie beim männlichen Arzt. Das Fehlen der direkten heterosexuellen Inszenierung – das, worauf verwiesen wird, das Männliche, ist nur symbolisch, nicht in der existentiellen Praxis präsent – mag jedoch etwas grössere Spielräume lassen, sich einzelnen Aspekten der Einkörperung zu widersetzen. Die andere, komplementär konstruierte Seite der gynäkologischen Geschlechtlichkeit erfährt eine stärkere Abstraktion als im Falle eines Arztes, der sie gleich selbst inszeniert. Möglich ist jedoch auch, dass die Abstraktion, die Positionierung des Männlichen ausschliesslich im Symbolischen, wirksamer ist als dessen konkrete Präsenz, da es sich im ersten Fall als Phantasma – oder als Mythos Mann[37] – verfestigen und objektivieren kann, wo im zweiten Fall durch das Zusammenspiel symbolischer und existentieller Praxis eine Verschiebungen zugänglichere Realität entstehen mag. Bei einer Ärztin besteht die Kongruenz in einem anderen Sinn: Dann inszeniert sich nicht die Relationalität, sondern es präsentiert sich eine Weiblichkeit, aus der der zeitliche Aufschub verschwunden ist, der für das Mädchen noch Gültigkeit hat. Wo also der Arzt den symbolischen Verweis konkretisiert, eliminiert die Ärztin den zeitlichen Aufschub.

Das kulturelle Dispositiv der Geschlechter setzt somit eine Form medizinisch institutionalisierter Heterosexualisierung des kindlichen Körpers ein, die über die Fragmentierung des Körpers

37 Der Ausdruck stammt von Jutta Brauckmann. In ihrer empirischen Studie zur Bedeutung von Männern und Frauen im weiblichen Leben untersucht sie das Verhältnis zwischen der Erfahrung, die Frauen mit beiden Geschlechtern machen, und der individuellen Verarbeitung dieser Erfahrungen. Der Mythos Mann kennzeichnet eine Verarbeitungsform, die mythologisierte Bilder von Männlichkeit herstellt und sich als resistent gegen davon abweichende Erfahrungen erweist. In der hier verwendeten Terminologie handelt es sich um hochgradig verfestigte symbolische Praxis, die die Wechselwirkungen mit der existentiellen Praxis blockiert. (BRAUCKMANN 1986)

einzelne Partien isoliert, mit Bedeutung versieht, normiert und kontrolliert. Das Geschlecht, das dabei produziert und eingekörpert wird, orientiert sich an der «Krankheit Frau». Es entsteht aus dem Zusammenspiel von Techniken, Diskursen und Arzt-Patientin-Beziehungen, wobei auf der ganzen Linie Asymmetrie herrscht. Vom Mädchen wird lediglich die Präsenz des Körpers verlangt; Diskursivierung, Untersuchung und Behandlung verlaufen ohne ihre aktive Mitwirkung allein durch die Person des Arztes.

### 2.1.4. *Pädagogisierung der Sexualität*

Die Pädagogisierung der Sexualität wurde bereits angesprochen. Es handelt sich hierbei um Erziehungspraktiken, die das Verhalten der behandelten Mädchen beeinflussen sollen. Im wesentlichen betrifft dies die Bereiche *Körperhygiene* und *Sexualverhalten*.

Die Gynäkologin Marlene Heinz bezeichnet hierzu folgende Bereiche als zentral:

- «Kontrolle und Anleitung zu richtiger Körperhygiene». Damit soll ein «ungestörtes Verhältnis zu den eigenen Genitalorganen ohne falsche Scham und Prüderie» erreicht werden.
- «Kontrolle der Menstruationsaufklärung der Mädchen in der Präpubertät [...], wobei besonderer Wert auf die Physiologie des Menstruationsgeschehens und notwendige Hygienemassnahmen gelegt wird.»
- «Individuelle Gesprächsführung bei Mädchen in der Pubertät und Adoleszenz mit frühzeitigen oder bevorstehenden Intimbeziehungen.» Ziel ist, «unter anderem sexuell-ethische Verhaltensweisen bezüglich der Verantwortlichkeit bei der Partnerwahl zu überprüfen. Gleichzeitig erfolgt eine kontrazeptive Beratung.» (Marlene Heinz 1989, zitiert nach SCHÜSSLER/BODE 1992, 50)

Wie bereits aus diesem Zitat ersichtlich, bezieht die taktische Linie der Pädagogisierung das Mädchen in anderer Weise ein, als die Praktiken der Fragmentierung und physiologischen Normierung oder die Konstruktion relationaler Körperlichkeit es tun. Gleichwohl greifen diese unterschiedlichen Linien ineinander und können in der gynäkologischen Praxis nicht gesondert beobachtet werden.

Das Auffallende an der Pädagogik liegt zunächst in der Betonung der sprachlichen Interaktion zwischen Arzt und Patientin (unter teilweisem Einbezug der Mutter). Über die Kommunikation wird das Mädchen aktiv in die Konstruktion ihres Geschlechts eingebunden; sie wird über ihr Verhalten zum eigenen Körper (in Hygienefragen) befragt sowie über ihr Verhalten und ihre Vorstellungen männlichen Sexualpartnern gegenüber.

Auch hier funktioniert Geschlecht nicht als Basis, sondern als Dimension, die erst herzustellen ist. Wie bei der Körperfragmentierung findet auch bei den pädagogischen Praktiken eine reduktive Polarisierung statt, die die Konstruktion von Zweigeschlechlichkeit ermöglicht. Hier wird nun aber nicht zerteilt und seziert; die pädagogischen Bestrebungen der Kindergynäkologie schaffen ein diffuses Ganzes von Körper und Identität, eine verwikkelte Verknüpfung von Sauberkeit, Sexualität und Verantwortung, an deren Ende das heterosexuelle Paar mit Kind steht. Die weibliche Identität, zu der hier erzogen wird, impliziert eine Sorge um sich, die sich als Sorge um die Reinheit präsentiert, sowie eine Sorge um den anderen, deren Kern die Sexualethik von Partnerwahl und Familienplanung bilden.

Mit der Verbindung von Weiblichkeit und Hygiene greift die Kindergynäkologie einen Komplex auf, der die historische Entwicklung der Medizin, aber auch der Geschlechterverhältnisse in wechselnden Formen durchzieht. Christa Karpenstein-Essbach befasst sich in einem kurzen Aufsatz mit der Hygieneliteratur um 1800 und gelangt davon ausgehend zur Frage:

> Wie lässt sich nun eine Verbindung zwischen der hygienischen Sorge um das saubere Weib und der verbreiteten Sehnsucht nach Authentizität denken? [...] Beide gehen um mit dem Problem der Signifikanz und mit der Schwierigkeit, die die Produktion einer Eindeutigkeit der weiblichen Körper bereitet. Weil an diesem Ziel einer Signifikanz – ob in Gestalt des Reinen oder des Authentischen – festgehalten wird, entsteht der unendliche Regress der Säuberungen. [...] Wo gereinigt, weggeputzt wird, dort steht die Signifikanz des Geschlechts an erster Stelle. (KARPENSTEIN-ESSBACH 1988, 254)

Aus der Sicht der Autorin hat die historische Verknüpfung von Hygiene und Geschlecht Anteil an der kulturellen Konstruktion von Körpergrenzen. Aus der hier eingenommenen Perspektive stellt sich dieser Sachverhalt so dar, dass die gesellschaftliche Hygienepraxis zu einer bestimmten Ausformung von Körpergrenzen führt, die ihrerseits konstitutiv sind für die Geschlechtskonstruktion. Karpenstein-Essbach sieht den Zusammenhang – als Resümee aus der Hygieneliteratur – wie folgt:

> Die weiblichen Körper besitzen keine Schranken, vor denen die Reinigung halt macht – so als gäbe es keine Haut. Es geht um ein Eindringen und Herausfliessen, und das ist end- und schrankenlos. Der Zustand der Reinheit hat immer nur vorläufigen Charakter, zumal der Schmutz sich dadurch auszeichnet, dass er immer tiefer liegt als der, der schon sichtbar gemacht und weggesäubert wurde. Wo Reinigung und Schmutz Hand in Hand gehen, ist der Gedanke der Grenze strukturell unmöglich geworden. Die Reinigung ist zu verstehen als ein unendlicher Regress, der fortschreitet, weil ihm der Traum von einem Zustand der Reinheit zugrunde liegt. (ebenda, 252)

Ich würde nicht sagen, dass die weiblichen Körper keine Schranken besitzen, wohl aber, dass das Hygieneproblem, das an diese Körper herangetragen wird, Einfluss darauf nimmt, wo und wie die Schranken gesetzt werden. Neben der Hygieneerziehung ist im Falle der Kindergynäkologie auch die Körperfragmentierung daran beteiligt. Akzeptiert man die These, dass in diesem medizinischen Feld Geschlecht erzeugt wird, so ist davon auszugehen, dass die Grenzen dieser Geschlechtlichkeit nicht bei der Haut liegen. Fragmentierung und Reinigung öffnen das Körperinnere und postulieren ein Modell des Austauschs bzw. des Eindringens (von medizinischen Instrumenten, Fingern, Penissen) und Ausfliessens (von Sekreten, Blut, Schmutz, Milch), dem auf der männlichen Seite ein relativ geschlossenes, klar umgrenztes Modell körperlicher Geschlechtlichkeit gegenübersteht.

Die Kindergynäkologie konstruiert Geschlechtsidentitätskonzepte im Spannungsfeld von physiologischer Funktionalität, morphologischer Ästhetik, Hygiene und Sexualpädagogik. Auf diese Weise wird nicht nur Geschlecht eingekörpert, sondern auch eine bestimmte Liebesvorstellung, die ihrerseits als Generator für Geschlechtlichkeit funktioniert. Diese Liebesvorstellung – das Ideal des heterosexuellen Paares – tritt dem Mädchen nicht lediglich als Symbolisches, als kulturelles Wissen, gegenüber; sie wird eingekörpert über die in den fragmentierten Körper eingesetzte sexuelle Relationalität und mittels Pädagogisierung ebendieses relationalen Konstruktes. Diese Praxis eröffnet keine andere Subjektposition als diejenige der heterosexuellen weiblichen Geschlechtlichkeit. Zwar bildet diese keinen eindeutigen und geschlossenen Rahmen; das Geschlecht wird jedoch in einer Weise konstruiert und eingekörpert, die Eindeutigkeit und Natürlichkeit postuliert. Indem die pädagogischen Diskurse, Ratschläge und Erziehungstechniken Heterosexualität als eindeutiges Entwicklungsziel setzen, schaffen sie Zweigeschlechtlichkeit mittels pädagogischer Medikalisierung der in einer bestimmten Art sexualisierten Körper, die als solche erst in der Kindergynäkologie hergestellt werden.

## 3. STRATEGISCHE EFFIZIENZ GYNÄKOLOGISCHER GESCHLECHTSPRODUKTION

Die Kindergynäkologie stösst bei ihren Etablierungsbemühungen auf Widerstände. In diesem Sinn ist ihre gesellschaftliche Effizienz vorläufig gering. Dennoch stellt sich die Frage nach ihrem strategischen Nutzen innerhalb des Dispositivs der Geschlechter.

Den obigen Ausführungen liegt die These zugrunde, in der Kindergynäkologie werde mittels der Strategie der Heterosexualisierung von Kinderkörpern Geschlecht produziert. Als wichtigste taktische Linien dieser Strategie präsentierten sich die Fragmentierung des Körpers, die Einkörperung sexueller Relationalität sowie die Pädagogisierung der Sexualität.

Das Dispositiv ist eine strategische Situation, in der vielfältige Machtbeziehungen daran beteiligt sind, soziale Zweigeschlechtlichkeit hervorzubringen. Trotz der relativen Stabilität der Geschlechterarrangements kann jedoch nicht von einer zentralen Macht ausgegangen werden, die von einem bestimmten Punkt aus Menschen in zwei Geschlechter zwingen würde. Vielmehr setzt sich das Dispositiv aus einer Vielzahl heterogener und lokal wirksamer Machttechniken zusammen. Geschlecht als Effekt ist ein historisches Produkt des Dispositivs, aber kein von bestimmten Personen intendiertes Ergebnis.

In der Kindergynäkologie kommen Machttechniken zum Einsatz, die fragmentieren, zerteilen, Körperteile neu gruppieren und bezeichnen. Damit verbunden werden diskursive Techniken der Normierung und Bewertung sowie medizinische Methoden der Umformung und Korrektur körperlicher Abweichungen. Diese Macht wirkt in hohem Masse produktiv; sie schafft Wissen und Körperkonzepte, leiblich-affektive Erfahrungen und Modelle körperlicher und sozialer Entwicklung.

Wenn sich die Institution Kindergynäkologie auch als relativ geschlossen präsentiert, so ist sie dennoch von Widersprüchen auch innerhalb ihrer eigenen Machttechniken durchzogen, so wenn zugleich Techniken des Zerteilens und solche der Konstruktion kompakter Identitäten am Werk sind. Überdies negiert die Praxis der Fragmentierung Individualität und Autonomie, während die Pädagogisierung explizit auf Eigenständigkeit besteht und für sich beansprucht, dem Mädchen Verantwortlichkeit beizubringen. Wird im ersten Fall die diskursive Beteiligung des Mädchens unterbunden, so werden im zweiten Diskurse angereizt oder erzwungen. Das eine Mal wird inspiziert, eingegriffen, korrigiert, das andere Mal verhört und belehrt. Diese beiden Techniken sind ineinander verwoben und eröffnen unterschiedliche Subjektpositionen: auf der einen Seite die stumme zerschnittene Körperlichkeit, auf der anderen der geschwätzige Beziehungs- und Sexualitätsdiskurs. Etwas raffinierter operiert in diesem Feld die Technik der Einkörperung relationaler Verweise. Während Fragmentierung und Pädagogisierung relativ leicht erkennbar sind, funktioniert die Einkörperung sexualisierter Relationalität verdeckter. Letztere verbirgt die Tatsache, dass weder der Körper noch die Sexualität oder das Begehren des Mädchens – die selbst kulturelle Konstrukte sind – zwingend oder auch nur «natürlicherweise» auf ein Anderes, Differentes und polar Entgegengesetztes verweisen. Dass sich die Konstruiertheit dieser Relationalität dem Blick entzieht, ist als Teil des gesamten Dispositivs wesentlich für die Durchsetzung naturalisierter Heterosexualität, ohne die die Zweigeschlechtlichkeit in der historisch bekannten Form nicht denkbar wäre.

Die Kindergynäkologie entwickelt sich zu einem Zeitpunkt, zu dem sich in anderen gesellschaftlichen Bereichen Kritik an der Polarisierung und Hierarchisierung der Geschlechter breitmacht und die Geschlechterverhältnisse starken Veränderungen ausgesetzt sind. In diesem Rahmen liegt der primäre strategische Nutzen dieser Praxis darin, durch den vergeschlechtlichenden Zugriff auf Kinderkörper die relationale Körperlichkeit sowie die ausschliessliche Heterosexualität zu stützen und auf diesem Weg hemmend in den Wandel der Geschlechterverhältnisse einzugreifen.

Gemäss der Einschätzung von Schüssler/Bode macht es wenig Sinn, grundlegende Veränderungen innerhalb der Gynäkologie zu erwarten. Die Spielräume, die Macht der Kindergynäkologie bei der Konstruktion sozialer Zweigeschlechtlichkeit anzugreifen, sind umso geringer, als es sich bei der betroffenen Bevölkerungsgruppe um Kinder handelt und damit um Personen, denen in ihren Handlungs- und Entscheidungsräumen aufgrund ihrer gesellschaftlichen Stellung enge Grenzen gesetzt sind. Sollte sich seitens der Betreuungspersonen jedoch Verweigerung durchsetzen, so würden Beschwerden, die dem Bereich der Gynäkologie zugeschrieben werden, in die Zuständigkeit der Kinder- und Hausärzte fallen bzw. dort verbleiben, wodurch die Einkörperung von Geschlecht im Kindesalter in weit geringerem Masse über die Medizin verlaufen würde als im Falle erfolgreicher Etablierung der Kindergynäkologie. Sofern Kinder- und HausärztInnen nicht selbst spezielle gynäkologische Sprechstunden einrichten, erscheinen bei ihnen die Genitalien der Patientinnen als Teil des kindlichen Körpers und das Mädchen als Kind anstatt wie in der Kindergynäkologie als unfertige Frau. Diese ÄrztInnen nehmen zwar auch Geschlechtsunterscheidungen vor; sie vertreten jedoch keine systematische Praxis der Vergeschlechtlichung.

Zur Frage der weiteren Institutionalisierung der Kindergynäkologie stellen Schüssler/Bode folgende Prognose:

> Angesichts der momentanen gesellschaftspolitischen Situation vermuten wir aber, dass sich niedergelassene Gynäkologen nach und nach die Mädchen als «Krankengut» sichern werden. [...] Und in der Tat zeichnet sich trotz der momentan noch geringen Behandlungsnachfrage ab, dass das «Patientinnengut» Mädchen zunehmen wird. Die Gynäkologen scheinen ihre Machtansprüche und ihre ökonomischen Interessen durchsetzen zu können. Dass sich die dazu erforderliche Bereitschaft von Mädchen und Frauen, die kindergynäkologische Behandlung als «Notwendigkeit» zu akzeptieren, einstellen wird, dafür sprechen die heutigen gesellschaftlichen Verhältnisse. Zu nennen sind hier vor allem die erwähnte Entwicklung zur arbeitsteiligen Expertengesellschaft und

> die Kontrolle unserer Lebenszusammenhänge durch ein stark von ökonomischen Interessen geprägtes medizinisches System. Die Verantwortung für soziale und psychische Zusammenhänge wird immer stärker aus der Familie und aus anderen sozialen Zusammenhängen ausgelagert und an Experten, insbesondere an Mediziner, delegiert. (SCHÜSSLER/BODE 1992, 171 f.)

Eine Chance, diesen Prozess zu unterbinden, sehen die Autorinnen in der Entwicklung kommunaler dezentralisierter Gesundheitszentren sowie in der Sozialarbeit und -pädagogik.

Während Schüssler/Bode davon ausgehen, dass die GynäkologInnen sich einer Beschränkung und Neuorganisation ihrer Zuständigkeiten widersetzen werden, vermutet Amendt, dass der politische Widerstand gegen krankmachende Tendenzen in der (Erwachsenen-)Gynäkologie Veränderungen erzwingen werde. Seiner Meinung nach widersetzt sich die machtvolle Lobby der frei praktizierenden Gynäkologen der Beschränkung des gynäkologischen Terrains, während

> viele Kliniker ein Interesse daran [haben], dass Arbeitsbereiche der Gynäkologie neu organisiert werden, um so den öffentlichen Druck der Frauenbewegung und der alternativen Gesundheitsbewegung von der Gynäkologie zu nehmen. [...] Die Gynäkologie wird sich verändern, weil das Arzt-Patient-Verhältnis an einem Wendepunkt angelangt ist. Sie muss sich auch deshalb ändern, weil die Vorteile ihres Fortschritts von denen nicht mehr nachvollziehbar sind, die Heilung und Gesunderhaltung begehren. Eine krankmachende Gynäkologie produziert Widerstand.
> Die Vergangenheit der Gynäkologie war durch Expansionismus charakterisiert. Die Zukunft wird ihre Begrenzung sehen. (AMENDT 1991, 240)

Welche der widerstreitenden Tendenzen sich durchsetzen wird, hängt gemäss Amendt davon ab, ob Frauen sich ihre an die Medizin abgetretene Autonomie zurückerobern oder die Kontrolle durch Gynäkologen akzeptieren. Im Kontext des Dispositivs der

Geschlechter betrachtet, hängt dies nicht nur von Akzeptanz und Autonomie der Frauen/Mädchen ab, sondern von der Entwicklung der komplexen Machtverhältnisse, innerhalb deren Geschlecht als Effekt hervorgebracht wird.

Institutionelle Umstrukturierungen, Verweigerung und Veränderungen in den Arzt-Patientin-Beziehungen stellen gesellschaftliche Eingriffsmöglichkeiten dar. Diese verändern zwar die Praxis der Kindergynäkologie; deren Wirkungen im Bereich der Konstruktion kultureller Zweigeschlechtlichkeit sind davon jedoch nicht zwangsläufig betroffen. Soll die binäre Geschlechtlichkeit selbst aufgebrochen werden, so müssen die komplexen Verknüpfungen von Körper, Sexualität und Identität angegriffen werden. Die innerhalb der Heterosexualisierungsstrategie möglichen Widerstandspunkte befinden sich auf den taktischen Linien der Fragmentierung, der sexuellen Relationalität und der Pädagogisierung der Sexualität. Hierbei geht es nicht darum, mit Hilfe von Gegendiskursen und Gegenpraktiken körperliche Ganzheitlichkeit oder individuelle Autonomie zu retten; Widerstandsstrategien können bestimmte Verknüpfungen negieren, abwandeln, durch neue ersetzen, um dadurch neue Körperlichkeiten zu schaffen und Geschlecht als kulturelles Phänomen zu verschieben. Beispielsweise könnte Widerstand gegen die Verknüpfung von Körper und heterosexualisiertem Beziehungsdiskurs neue Subjektpositionen und neue Körper auftauchen lassen, die nicht binär strukturiert wären. Dies ist eine der Möglichkeiten, punktuell in das Dispositiv der Zweigeschlechtlichkeit einzugreifen und der kulturellen Setzung der Binarität Mehrdeutigkeit entgegenzusetzen. Sofern die Machtverhältnisse sich dadurch verwirren lassen, entstehen weitere Spielräume für die Konstruktion von Geschlecht.

# V Geschlechterbinarität und Parodie

In den bisherigen Kapiteln kamen Ausschnitte des Dispositivs der Zweigeschlechtlichkeit zur Sprache – fast zwangsläufig impliziert die Analyse einer solchen kulturellen Praxis die Frage nach den Möglichkeiten verändernden Eingreifens. Kulturelle Dispositive sind keine kalkulierten Programme und keine isolierbaren Kulturprodukte, sondern Netze zwischen disparaten Ansammlungen verstreuter Praktiken. Sie mit einer einzigen Strategie aufbrechen oder gar liquidieren zu wollen, wäre ein weder durchführbares noch sinnvolles Projekt. Es bedarf vielmehr einer Vielzahl lokaler Eingriffe, die ihrerseits nicht als Programm und nicht als für alle Facetten des Dispositivs wirksame Verfahren zu konzipieren sind.

Die parodistische Methode stellt eine von vielen möglichen Varianten dar, den Zwängen und Begrenzungen kultureller Zweigeschlechtlichkeit zu begegnen. Ihre Wirksamkeit entfaltet diese Form des Widerstandes sicher nicht in erster Linie in stark institutionalisierten hierarchischen Zusammenhängen wie der Kindergynäkologie; eher wird sie sich in alltagsweltlichen Umfeldern sowie in Subkulturen und innerhalb kultureller Produktionen wie Film, Theater, Malerei, Musik etc. als sinnvoll erweisen. Aufgrund der in der Postmoderne in Frage gestellten und modifizierten Wissenschaftsauffassungen beschränken sich parodistische Methoden jedoch nicht mehr so sehr auf Kunst und Kultur im engeren Sinn; sie werden zunehmend auch theorietauglich, wie Baudrillard, Lyotard, Feyerabend oder Rorty belegen.

Ironie, Parodie und andere Formen des spielerischen Umgangs mit Mehrdeutigkeit nehmen in postmodernen Denkmodellen einen wichtigen Platz ein. Bezüglich der Geschlechterthematik können sie von Nutzen sein, weil sie sich dazu eignen, festgeschriebene Grenzen zu hintertreiben. Eine der wichtigsten AutorInnen, die Vorstellungen dieser Richtung auf Geschlechterverhältnisse anwendet, ist Judith Butler.[38] Interessant – und umstritten – ist ihre Perspektive vor allem deshalb, weil sie beiden Geschlechtern den Boden entzieht. Weder dem männlichen noch dem weiblichen Geschlecht bleibt die Gewissheit der eigenen Identität.

Statt dessen gerät der Begriff der Geschlechtsidentität selbst ins Wanken und muss einer Pluralisierung Platz machen, die zwar Fundamentalismen und Biologismen verhindert, aber keineswegs per se gerechtere Verhältnisse schafft. Wenn also einige feministische Autorinnen die Auflösung der dualen Geschlechterkonzeption ablehnen, so weisen sie mit ihrer Haltung auf reale Gefahren postmoderner Tendenzen hin. Die Gefahr, alte Machtungleichheiten bloss neu zu zerstreuen statt zu eliminieren – und damit am Ende bloss undurchsichtiger zu gestalten –, begleitet alle Versuche, die Geschlechter zu pluralisieren. Sofern es jedoch gelingt, diesem Problem beizukommen, stellt die pluralistische Auflösung der Geschlechterbinärität eine tiefgreifende und radikale Strategie dar, in ein jahrhundertealtes Dispositiv dauerhaft einzugreifen.

Im folgenden wird die Parodie als Methode kurz umrissen. Die Frage, wie sich die Beziehungen zwischen Parodie und

38 In diesen Zusammenhang gehört auch die bereits aufgegriffene Verführungstheorie Baudrillards, die – allerdings ohne die Zweigeschlechtlichkeit in Frage zu stellen – mit Begriffen wie Spiel, Duell, Ironie arbeitet. Ebenfalls zu erwähnen sind Lyotards Ausführungen zu Frauenbewegung und Geschlechterdichotomie. (BAUDRILLARD 1992; LYOTARD 1977)

Machtverhältnissen gestalten, greife ich anschliessend gesondert auf, bevor ich zum Schluss einige mögliche Felder der Geschlechterparodie skizziere.

## 1. PARODIE ALS METHODE

> Die Möglichkeiten zur Veränderung der Geschlechtsidentität sind gerade in dieser arbiträren Beziehung zwischen den Akten zu sehen, d.h. in der Möglichkeit, die Wiederholung zu verfehlen bzw. in einer De-Formation oder parodistischen Wiederholung, die den phantasmatischen Identitätseffekt als eine politisch schwache Konstruktion entlarvt. (BUTLER 1991, 207)

Die Parodie besteht aus vielfältigen Verfahren der verschiebenden Nachahmung, die das Original – die (heterosexuelle) binäre Geschlechtsidentität – selbst als Imitation, als kontingente kulturelle Konstruktion und kulturelles Phantasma ohne substantielle Grundlage entlarven. Als Verfahren zur Verschiebung und Destabilisierung von Zweigeschlechtlichkeit funktioniert die Parodie auf der Ebene der Interaktion, der kulturellen Inszenierung oder Visualisierung; sie ruft «eine fliessende Ungewissheit der Identitäten hervor, die ein Gefühl der Offenheit für deren Re-Signifizierung und Re-Kontextualisierung vermittelt» (ebenda, 203). Die Parodie überwindet nicht per se die Binarität der Geschlechter. Sie eröffnet jedoch Möglichkeiten, festgeschriebene Polaritäten zu verschieben und Verwirrung zu stiften.

Unter Re-Signifizierung und Re-Kontextualisierung verstehe ich nicht lediglich den Ersatz bestehender Bedeutungen durch neue: Der wichtigere Aspekt der Parodie liegt m.E. in der Möglichkeit, unterschiedliche, auch inkommensurable – ineinander nicht übersetzbare – Sprachen gleichzeitig zur Anwendung zu bringen. Den Aspekt der Mehrsprachigkeit oder Mehrfachkodierung hat Wolfgang Welsch als zentralen Bestandteil postmoderner Kultur ausgewiesen. Er befasst sich in diesem Zusammenhang nicht mit der Parodie, wohl aber mit dem Pluralismus: Ob dieser postmoderne Züge trägt oder blosse Beliebigkeit vorstellt, entscheidet sich daran, ob eine intelligible – entzifferbare und verständliche – Mehrfachkodierung vorliegt, die sich auf keinen eindeutigen Sinn reduzieren und zu keiner Synthese verarbeiten lässt (vgl. WELSCH 1991). Ein einfaches Beispiel hierfür sind Objekte – Bilder, Texte, Architektur etc. –, in denen die Sprache einer herrschenden Macht neben jener eines Opfers derselben Macht steht: sofern beide Kodierungen lesbar sind, aber kein gemeinsamer Sinn, keine Synthese und damit keine Auflösung der Differenz in einer der beiden Sprachen oder in einer Drittsprache möglich ist, besteht eine pluralistische Mehrfachkodierung. Die von Welsch umrissenen Anforderungen an die Postmoderne verlangen überdies, dass die verwendeten Sprachen untereinander kommunizieren. Fehlen solche Bezüge, so bleibt lediglich ein zufälliges Nebeneinander übrig, das nicht als postmoderner Pluralismus bezeichnet werden kann.

Der hauptsächliche Effekt der parodistischen Methode – der ebensogut befreites Gelächter sein kann wie Peinlichkeit oder etwa Entsetzen – beruht auf der Unmöglichkeit, die Inszenierung auf eindeutige Aussagen oder Wahrheiten festzulegen. Die Parodie widersetzt sich allen Eindeutigkeiten und bleibt irreduzibel, mehrsprachig und gerade deshalb wirksam, weil sie ihren Gegenstand verrätselt und doch nichts verbirgt. Ihr Anliegen ist nicht Wahrheitssuche, sondern ein vielschichtiges Neu-Schreiben von Realität.

Das obige Zitat Butlers legt den Akzent auf die technische Seite der Parodie als verfehlende Wiederholung. Dabei gerät deren ironische Qualität etwas aus dem Blick. Die Ironie verweist darauf, dass das, was sich in der Wiederholung deformiert, sich selbst nicht ernst nimmt, dass es aufhört, den Status des Originals zu beanspruchen. Diese Haltung setzt die Erfahrung grundsätzlicher Kontingenz voraus, also das Wissen darum, dass jeder spezifische Bereich der Realität eine historisch gegebene Möglichkeit, aber keine zwingende Notwendigkeit ist. Ein Bewusstsein der Kontingenz von Geschlecht zu haben, heisst zu erfassen, dass Geschlecht ein Produkt historisch bedingter Faktoren (und Zufälle) ist und sich immer nur in einigen der zahllosen möglichen Ausprägungen zeigt; statt der vorfindbaren Varianten könnten ebensogut völlig andere existieren.

Aufgrund der Zusammenhänge zwischen Ironie und Kontingenz ist im Bereich der Geschlechtsidentitäten ein gezielter Einsatz parodistischer Verfahren erst auf der Grundlage der Entnaturalisierung und Relativierung von Geschlecht denkbar; (moderne) feministische Theorien treiben diese seit längerem voran. Dies ist einer der Punkte, an denen deutlich wird, dass Postmoderne nicht einen Bruch mit der Moderne bedeutet, sondern aus dieser hervorgeht. Die Entwicklung von Kontingenz als Grundbedingung jeglicher Realität und aller Wissensformen ist Teil der Moderne und zugleich Basis der Postmoderne. So sind beispielsweise moderne feministische Standpunkttheorien nicht Gegenpol postmoderner Geschlechterkonzeptionen, sondern deren Voraussetzung. Zur Beziehung zwischen Ironie und Kontingenz vermerkt Rorty:

> «Ironikerin» werde ich eine Person nennen, die drei Bedingungen erfüllt: (1) sie hegt radikale und unaufhörliche Zweifel an dem abschliessenden Vokabular, das sie gerade benutzt, weil sie schon durch andere Vokabulare beeindruckt war, Vokabulare, die Menschen oder Bücher, denen sie begegnet ist, für endgültig nahmen; (2) sie erkennt, dass Argumente in ihrem augenblicklichen Vokabular diese Zweifel weder bestätigen noch ausräumen können; (3) wenn sie philosophische Überlegungen anstellt, meint sie nicht, ihr Vokabular sei der Realität näher als andere oder habe Kontakt zu einer Macht ausserhalb ihrer selbst. Ironikerinnen, die einen Hang zur Philosophie haben, meinen weder, dass die Entscheidung zwischen Vokabularen innerhalb eines neutralen und allgemeinen Meta-Vokabulars getroffen wird noch dass sie durch das Bemühen gefunden wird, sich durch die Entscheidungen hindurch einen Weg zum Realen zu bahnen, sondern dass sie einfach darin besteht, das Neue gegen das Alte auszuspielen. (RORTY 1992, 127f.)

Ein ironischer Umgang mit Geschlecht bedeutet also, «abschliessende Vokabulare» zwar zu verwenden, sie jedoch unaufhörlich anzuzweifeln ohne die Möglichkeit, diese Zweifel auszuräumen. In einer Situation, in der binäre Zweigeschlechtlichkeit fragwürdig beziehungsweise immer unglaubwürdiger wird, bleibt Ironie vielleicht die einzige noch mögliche Haltung. Die alten Stereotype greifen längst nicht mehr; neuere Versionen von Vokabularen über Geschlecht sind zwar weniger dichotom, beharren aber nach wie vor auf grundsätzlich zwei Kategorien – ohne allerdings die alten Fixierungen durch neue Gewissheiten ersetzen zu können. Ein gewisses Mass an Unbestimmtheit und der Status des Provisorischen haften auch jenen neueren Geschlechterdiskursen an, die sich weder als relativistisch noch als postmodern verstehen und denen – aus theoretischen, methodologischen oder politischen Gründen – daran gelegen ist, die Zweigeschlechtlichkeit aufrechtzuerhalten. Die paradoxe – ironische – Lage zeigt sich, wenn die Einteilung von Menschen in Männer und Frauen an Evidenz und Aussagekraft verliert, die verfügbaren Vokabulare diese Kategorien jedoch weiterhin benutzen müssen – mit radikalen und unaufhörlichen Zweifeln.

Eine solche Haltung unterläuft Gewissheiten allmählich. Sie kämpft nicht frontal, sondern mit den subversiven Mitteln der Ausstreuung und Deplazierung: Ironie eliminiert nichts, sie ist als Strategie produktiv, das unberechenbare, lokale Eingreifen verleiht ihr nomadische Züge. Haupteffekt ihrer Eingriffe in das Dispositiv der Zweigeschlechtlichkeit ist das Aufweichen von Grenzen und die Verunmöglichung starrer Fronten. In einem etwas kriegerischen Vokabular illustriert Lyotard diese Vorstellung, wenn er mit Bezug auf den männlichen Logos, der als «Herr der Waffen und des Worts» ein jahrtausendealtes Imperium beherrscht, auffordert: «Führen wir keinen frontalen Krieg gegen ihn, sondern eine Art Guerilla mit Hinterhalten und plötzlichen Überfällen.» (LYOTARD 1977, 65)

Lyotard bezieht sich an dieser Stelle zwar auf den männlichen Logos, dieser Argumentationsstrang lässt sich jedoch auf die gesamte Problematik des Eingreifens in kulturelle Zweigeschlechtlichkeit anwenden. Der Autor begründet seine Ablehnung frontaler Angriffe mit dem Nutzen, den deutliche Grenzen für die Stabilisierung von Machtverhältnissen besitzen: Das Imperium (des männlichen Logos) braucht eine Grenze – die ihm zum Beispiel weibliche Gegenstrategien bieten, wenn sie Weiblichkeit als das Nicht-Logische, Irrationale oder Mystisch-Naturnahe vom Männlichen absetzen. Solange ein solches deutlich bestimmbares Aussen existiert, «sieht sich der Herr der Waffen und des Worts wieder mit einer pädagogischen Aufgabe betraut: er braucht eine Grenze, die er erobern, und Wilde, die er zivilisieren kann.» (ebenda, 64) Wie die Schaffung polarisierender Gegenwelten hilft auch frontales Angreifen, diese Grenze zu ziehen, das «Imperium» zu definieren in Abgrenzung zum anderen, zum nichtdazugehörenden Aussen. Begreift man versuchsweise die Zweigeschlechtlichkeit als Imperium, so mag es durchaus sein, dass auch hier frontale Angriffe die Grenzen schützen, während Überfälle aus dem Hinterhalt, unvermutetete Fallen, ironische Strategien die Grenzen der festgefügten Ordnung durchlässig machen. Wenn nicht Abschaffung, sondern Wandel des Imperiums Zweigeschlechtlichkeit intendiert ist, so bieten unsichere Grenzen hierzu gute Bedingungen.

Parodie und Ironie sind Formen der Hybridisierung: Kombinationen von Heterogenem, ein spielerisches Variieren und Neukombinieren meist bekannter Elemente, die dann wichtig werden, wenn kein glaubhaftes abschliessendes Vokabular mehr zur Verfügung steht. Es sind produktive Verfahren, die die Optik verlagern und auffächern, indem sie bekannte Elemente in ungewohnter Weise kombinieren, ihre Darstellung übersteigern, verfremden oder zugleich affirmieren und negieren. Mit dieser Art der subversiven Kritik unterscheiden sich postmoderne Parodieentwürfe deutlich von spezifisch modernen Resignifizierungen der Geschlechter, wie sie weite Teile der Frauenbewegung anstreben. Während letztere gegen bestimmte Geschlechtermodelle kämpfen, sie zu beseitigen und durch neue zu ersetzen suchen, wollen erstere das selbst als Imitation durchschaute Original so lange mit wechselnden Abweichungen vervielfältigen, bis es sich in einem Feld multipler Geschlechtsidentitäten verliert. – Postmoderne Ironie verzichtet also auf die Geste des Umsturzes. Ihre Methode entspricht eher dem Aufstellen von Fallen und dem Einsatz von Listen als einem frontalen Angreifen. Nicht plötzliches Niederreissen ist das Ziel, sondern häufiges, unberechenbares Eingreifen an möglichst vielen Orten, wodurch verfestigte Geschlechterverhältnisse flexibilisiert und für Wandel zugänglich gemacht werden sollen. Es geht nicht um die in der Moderne so verbreitete Vorstellung eines grossen radikalen Bruchs mit anschliessendem Neubeginn. Vielmehr sieht diese Version der Postmoderne einen kulturellen Wandel vor, der bestehende Realitäten mitnimmt, deren problematische Anteile auffächert, umschreibt und neu kombiniert, gelegentlich auch karnevalisiert – statt sie in einer grossen Geste zu verwerfen.

## 2. PARODISTISCHE VERFAHREN IM FELD GESELLSCHAFTLICHER MACHTVERHÄLTNISSE

Das kulturelle Projekt stabiler Zweigeschlechtlichkeit lässt weder Entrinnen noch Indifferenz zu. Ebenso unmöglich wie seine Verteidigung scheint jedoch seine Verwerfung zu werden, wenn das im Inneren der Subjekte lokalisierte Geschlecht an Glaubwürdigkeit verliert und dabei als gesellschaftliche Strukturkategorie dennoch wirksam bleibt. Die Idee der Geschlechterparodie setzt dort ein, wo Geschlechtsidentitäten sowie kulturelle Inszenierungen von Geschlecht ihre Künstlichkeit und Brüchigkeit offenbaren, ohne dass Alternativen zu erkennen wären.

Damit setzt dieser Entwurf voraus, dass auf der Grundlage anerkannter Kontingenz unterschiedliche Geschlechterkonzepte koexistieren. Diese Situation schafft zwar die notwendige Öffnung des in Dichotomien geübten Blicks, sie sorgt jedoch nicht für eine bestimmte Positionierung innerhalb von Machtverhältnissen. Folgt man Zygmunt Bauman, so gilt dies generell für jede Einsicht in die postmoderne Lage:

> Ein Bewusstsein der Kontingenz macht nicht stark: Wer es erlangt, gewinnt dadurch keinerlei Vorteil gegenüber den Protagonisten im Kampf der Willen und Absichten oder im Spiel der List und des Glücks. Es führt nicht zur Herrschaft und bewahrt sie auch nicht. Im Gegenzug hilft es auch nicht beim Kampf gegen Herrschaft. Es ist, grob gesagt, den gegenwärtigen oder den zukünftigen Strukturen der Herrschaft gegenüber indifferent. (BAUMAN 1992, 289)

Wenn Kontingenz an sich indifferent ist, so bedeutet dies nicht, dass sie im Kampf um Herrschaft keine Rolle spielt – sondern lediglich, dass diese Rolle nicht festgelegt ist und folglich erst definiert werden muss.

Parodistische Verfahren, die ein Bewusstsein der Kontingenz voraussetzen, können die soziale Zweigeschlechtlichkeit erst angreifen, wenn sie die gesellschaftlichen Machtbeziehungen so zu verschieben vermögen, dass die polarisierenden, naturalisierenden Regulierungsverfahren ihr Ziel verfehlen. – Parodien, die in die Machtverhältnisse nicht eingreifen, bleiben blosses Stilmittel kultureller Inszenierungen – eine Frage der Dramaturgie oder der Ästhetik.

Ich unterscheide drei Felder, in denen die politische Durchsetzung der Zweigeschlechtlichkeit parodistisch sicht- und angreifbar gemacht werden kann:

- die Innerlichkeit des Geschlechts
- binäre Körperkonzepte
- komplementäre Begehrenspositionen

Die letzten beiden Punkte wurden in den vorangegangenen Kapiteln bereits thematisiert. Die Vorstellung eines im Innern der Individuen situierten Geschlechts kam nur implizit zur Sprache, gehört jedoch wie die beiden anderen Bereiche zu den wichtigen konstituierenden Faktoren innerhalb des Dispositivs der Zweigeschlechtlichkeit.

## 2.1. *Die Innerlichkeit des Geschlechts*

In Alltagstheorien, aber auch in wissenschaftlichen Analysen wird Geschlecht mit aller Selbstverständlichkeit im Inneren der Individuen situiert. Dass diese Annahme keineswegs unproblematisch ist, zeigt zum einen die Transsexuellenforschung, wenn sie nachweist, mit welchem Aufwand das (innere) Geschlecht als Effekt äusserer Regulierungen hergestellt werden muss (vgl. HIRSCHAUER 1993). Zum anderen verweisen unterschiedliche Strömungen der neueren Subjektkritik auf die Fragwürdigkeit der Verortung von Geschlecht im individuellen Inneren. Dies wurde im Zusammenhang mit der Diskussion um die Postmoderne angesprochen, die das Subjekt in seiner Einheitlichkeit problematisiert und mittels Dekonstruktion zu einem disparaten Gefüge wechselnder, instabiler Subjektpositionen demontiert. Ein zentrales Moment solcher Demontagen liegt beim Nachweis gesellschaftlicher Regulierungsverfahren innerhalb der Prozesse der Subjektkonstitution: damit wird das Subjekt explizit im politischen Raum verortet. Das dezentrierte Subjekt erscheint nicht als autonomer Akteur, der in ausserhalb seiner selbst bestehende Machtverhältnisse einzutreten hat, sondern als immer schon von der Macht durchquertes Gebilde. Diese von Michel Foucault ausgearbeitete Vorstellung hat weitreichende Folgen für die Analyse gesellschaftlicher Macht und für die Möglichkeiten, in letztere einzugreifen: Ist das Subjekt von der Macht durchquert, verliert es seine Souveränität, gleichzeitig wird es selbst zum Ort der Macht, zum Umschlagplatz zahlreicher Regulierungsverfahren. Ein Handeln ausserhalb der Macht wird somit unmöglich – die Macht ihrerseits verliert aber gerade aufgrund ihrer Allgegenwart einen Teil ihres feindlichen Charakters, wenn sie nicht mehr als ein die Subjekte von aussen beherrschendes, im Grunde unfassbares Gegenüber erscheint.

Zur Innerlichkeit des Geschlechts schreibt Judith Butler:

> Die Akte, Gesten und Begehren erzeugen den Effekt eines inneren Kerns oder einer inneren Substanz; doch erzeugen sie ihn *auf der Oberfläche* des Körpers, und zwar durch das Spiel der bezeichnenden Abwesenheiten, die zwar auf das organisierende Identitätsprinzip hinweisen, aber es niemals enthüllen. [...] Wenn diese Realität als inneres Wesen fabriziert/erfunden *(fabricated)* ist, erweist sich gerade die Innerlichkeit als Effekt und Funktion eines entschieden öffentlichen, gesellschaftlichen Diskurses bzw. der öffentlichen Regulierung der Phantasie durch die Oberflächenpolitik des Körpers oder der Grenzkontrolle der Geschlechtsidentität, die das Innen vom Aussen differenziert und so die Integrität des Subjekts stiftet. Mit anderen Worten: Akte, Gesten, artikulierte und inszenierte Begehren schaffen die Illusion eines inneren Organisationskerns der Geschlechtsidentität *(organizing gender core)*, eine Illusion, die diskursiv aufrechterhalten wird, um die Sexualität innerhalb des obligatorischen Rahmens der reproduktiven Heterosexualität zu regulieren. (BUTLER 1991, 200)

Die Fokussierung des Diskursiven bei Butler habe ich bereits kritisiert. Ich halte es nicht für vertretbar, Geschlecht(-sidentität) als ausschliesslich diskursives Produkt zu betrachten. Es sei denn, man fasst Gesten, Bilder, Handlungen oder Affekte als Text und auf diesem Umweg als Diskurs: Eine solche Überdehnung des Diskursbegriffs macht jedoch wenig Sinn. Für weiterführender halte ich den Einbezug von Konzepten wie jenem von Gesa Lindemann, der im Kapitel über sozialwissenschaftliche Körperkonzepte besprochen wurde: Die Autorin zeigt in überzeugender Weise, wie das Leiblich-Affektive – ein weitgehend nichtdiskursiver Erfahrungsbereich – zur sozialen Konstruktion von Geschlecht und insbesondere zu deren Stabilität beiträgt.

Wenn Parodie die Illusion des psychologischen Kerns sichtbar werden lassen kann, eröffnet sie die Möglichkeit, das Subjekt in seiner Konstruiertheit innerhalb gesellschaftlicher Machtverhältnisse zu analysieren. Die «Vorstellung von der unsagbaren Innerlichkeit seines Geschlechts und seiner wahren Identität» (Butler) erweist sich dann als Effekt von Machttechniken. Das Dispositiv der Zweigeschlechtlichkeit ist darauf angewiesen, auf Geschlecht als einer unsagbaren Innerlichkeit zu bestehen – unsagbar deshalb, weil die Setzung eines dem Sozialen vorgängigen inneren Wesens es ermöglicht, die grundsätzliche Einteilung in zwei Geschlechter der Kritik zu entziehen. Muss das Dispositiv hingegen zugeben, dass das innere Geschlecht – der entweder männliche oder weibliche Kern – nichts als ein Effekt äusserer Regulierungen ist, so wird seine Stabilität untergraben. Die Preisgabe dieser Behauptung zweier im Inneren der Subjekte lokalisierter Geschlechter öffnet das Dispositiv zwangsläufig für pluralistische Entwicklungen. Die Parodie als entnaturalisierende, mit Variationen arbeitende Technik kann in diese Richtung wirken, sofern sie bei den gesellschaftlichen Regulierungsmechanismen ansetzt und ihre ironische Distanzierungsfähigkeit nutzt, um sich innerhalb der Machtbeziehungen zu bewegen, ohne diese zu bestätigen.

### 2.2. *Binäre Körperkonzepte*

Die angebliche psychologische Tatsache zweier innerer Geschlechter hat ein Pendant auf der körperlichen Ebene. Zwar existiert innerhalb des Dispositivs der Zweigeschlechtlichkeit eine Vielzahl unterschiedlichster Körperkonzepte. Das Prinzip der Binarität, der Zuordnung jedes Körpers zu einem von zwei Geschlechtern, durchzieht jedoch sämtliche Entwürfe. Auf diese Weise zwingt auch jede Körperdarstellung der/dem Betrachtenden die Frage nach der binären Einordnung auf.

Da die Problematik der binären Einkörperung von Geschlecht bereits ausführlich erörtert wurde, beschränke ich mich an dieser Stelle auf die Frage nach den Möglichkeiten parodistischer Verschiebung. Wie im Fall der Innerlichkeit von Geschlecht kann die Parodie auch hier wirksam werden, wenn sie die Willkürlichkeit der binären Setzungen aufzeigt und durch verfehlende Wiederholung dieser Setzungen die gesellschaftlichen Regulierungs- bzw. Normierungsmechanismen sichtbar werden lässt. Ziel dieses Vorgehens ist auch hier weder die Beseitigung der Geschlechtlichkeit noch irgendeine Form von Unisexismus oder androgyner Synthese, sondern Überwindung der Binarität durch Pluralisierung.

Parodistische Reinszenierungen können kulturell spezifische Diskurse und Praktiken nachzeichnen, die eingesetzt werden, um weibliche und männliche Körper als eindeutig unterscheidbare Gestalten zu behaupten. Eine von vielen dichotomisierenden Fixierungen ist die Verknüpfung von weiblichem Körper und Gebärfähigkeit; diese gilt es als normierende Machttechnik zu dekonstruieren. Für sehr viele Frauen ist Gebärfähigkeit als Teil der existentiellen Praxis irrelevant. Sie wird jedoch durch unterschiedliche Normierungsweisen verbindlich in die symbolische Praxis eingebaut. Die unterstellte Gebärfähigkeit ist nicht Ursprung binärer Konzeptualisierungen von Körpern, sondern ihrerseits Effekt von Machttechniken. Dies wird deutlich, wenn man in Betracht zieht, dass der grösste Teil der Frauen entweder zu alt oder zu jung zum Gebären ist oder keine Kinder bekommen will/kann. – Die Fähigkeit zu gebären ist demnach nicht natürliche körperliche Grundlage der Binarität, sondern Effekt eines polarisierenden Dispositivs. Natürlich ist diese Fähigkeit auch ohne ein solches Dispositiv gegeben: Dass sie aber einen Grundpfeiler der Polarisierung der Geschlechter darstellt, ist auf die Wirkung spezifischer Normierungen zurückzuführen. Vorgänge wie Gebären oder Zeugen beziehen ihre soziale Relevanz aus dem kulturellen Kontext, können also ebensogut zentral wie nebensächlich sein in bezug auf die jeweilige – zum Beispiel geschlechtliche – Realität.

Die Gebärfähigkeit als Grund binärer Körperkonzepte ist nur ein Beispiel, an dem parodistische Umformungen der Zweigeschlechtlichkeit ansetzen können. Jedes andere Differenzkriterium – Körpermerkmale ebenso wie Präsentationsweisen des gesamten Körpers – kann ebenso parodiert werden, indem seine Funktion innerhalb polarisierender Regulierungen ironisch oder hybridisierend dekonstruiert wird.

Neben einzelnen Körpermerkmalen nehmen Verbindungen zwischen im Inneren situierter Geschlechtsidentität, Körpergrenzen und Begehren eine wichtige Stellung innerhalb der Zweigeschlechtlichkeit ein. Auch hier existieren kulturell spezifische Komplexe, deren Natürlichkeit sich als Effekt aufwendiger Regulierungs- und Normalisierungsverfahren erweist. Hierzu vermerkt Butler:

> Die Konstruktion fester Körperumrisse beruht auf festgelegten Stellen der Körperdurchlässigkeit und Undurchlässigkeit. Solche Sexualpraktiken, die in homo- oder heterosexuellen Kontexten bestimmte Öffnungen und Oberflächen für die erotische Bezeichnung eröffnen, andere wiederum verschliessen, schreiben die Begrenzungen des Körpers an neuen kulturellen Linien entlang ein. (BUTLER 1991, 195)

Butler betont aus ihrer poststrukturalistischen Sicht den Körper als bezeichnete Oberfläche. Dem ist jedoch hinzuzufügen, dass – wie das Beispiel Gebären zeigt – auch das Körperinnere Teil des binären Differenzierungsprozesses ist.

Wo parodistische Pluralisierungen ansetzen können, lässt sich nur auf der Grundlage detaillierter Analysen der Konstruktion von Umrissen, Oberflächenbezeichnungen und innerer Ausgestaltung binärer Körper bestimmen.

## 2.3. *Komplementäre Begehrenspositionen*

Komplementäre Begehrenspositionen verweisen auf eine bestimmte kulturelle Ordnung, die ich mit Judith Butler als heterosexuelle Matrix bezeichne. Die Autorin leitet diesen Begriff von Monique Wittigs «heterosexuellem Vertrag» her:

> Der Begriff *heterosexuelle Matrix* steht [...] für das Raster der kulturellen Intelligibilität, durch das die Körper, Geschlechtsidentitäten und Begehren naturalisiert werden. [...] Es geht darum, ein hegemoniales diskursives/epistemisches Modell der Geschlechter-Intelligibilität zu charakterisieren, das folgendes unterstellt: Damit die Körper eine Einheit bilden und sinnvoll sind, muss es ein festes Geschlecht geben, das durch eine feste Geschlechtsidentität zum Ausdruck gebracht wird, die durch die zwanghafte Praxis der Heterosexualität gegensätzlich und hierarchisch definiert ist. (BUTLER 1991, 219 f.)

Die heterosexuelle Matrix stellt einen Angelpunkt des Dispositivs der Zweigeschlechtlichkeit dar. Die zwingende Natur dieses Zusammenhangs belegt, wenn auch mit anders gesetzten Akzenten, Foucaults Geschichte der Sexualität, die der Autor entlang der beiden Hauptachsen Mann-Frau und Eltern-Kinder entwikkelt. Ebenfalls in diesen Kontext gehören Adrienne Rich mit *Zwangsheterosexualität und lesbische Existenz* (1986), die den Zusammenhang zwischen Macht und Heterosexualität betont, sowie Monique Wittig mit ihrer Feststellung, Lesben seien keine Frauen. Besonders die letzte These verdeutlicht – trotz der Problematik ihres rigiden kategorialen Rahmens – die Schwierigkeit, Geschlecht zu denken, ohne Heterosexualität zu unterstellen. Zweigeschlechtlichkeit ist nicht nur binär strukturiert, sie impliziert auch eine sexuelle Relation mit komplementären Begehrenspositionen. Ähnlich wie im Falle der binären Körperkonzepte wird auch hier der Zwang zur Polarität in erster Linie über die Fortpflanzung als Teil der symbolischen Praxis gestiftet. Innerhalb der existentiellen Praxis ist Fortpflanzung für die meisten Individuen selten und für niemanden immer relevant, dennoch bildet diese potentielle Fähigkeit die kulturelle Linie, entlang deren sich die Komplementarität des Begehrens als Machttechnik einschreibt.

Komplementäre Begehrenspositionen sind ein zentraler Bestandteil der Alltagstheorie der Zweigeschlechtlichkeit. Mit naturalisierenden Begründungen schafft diese Theorie das Bild zweier Geschlechter, die sich wechselseitig begehren, weil sie zwei grundverschiedenen Kategorien angehören. Nun wird aber nicht irgendeine Differenz beschworen, sondern ausdrücklich ein Ergänzungsverhältnis. Damit werden Frauen und Männer über die Vorstellung eines Mangels beziehungsweise eines Vervollständigungsbedürfnisses zwingend aufeinander verwiesen. Gibt man diese Ganzheitsidee auf – die in den konkreten Geschlechterverhältnissen ja auch kaum umgesetzt scheint –, so zeigt sich, dass es keinen Grund gibt, weshalb das Begehren nicht ganz andere Richtungen einschlagen und andere Konstellationen schaffen sollte.

Eine parodistische Dekonstruktion der komplementären Begehrenspositionen kann zeigen, in welchem Mass das Dispositiv der Zweigeschlechtlichkeit auf die Komplementarität der Begehren angewiesen ist. Dabei kann innerhalb einer postmodernen Denkweise nicht etwa die Erweiterung der heterosexuellen Komplementarität zum bisexuellen Begehren das Ziel sein. Für das Dispositiv relevante – grundlegende und dauerhafte – Verschiebungen sind erst dann zu erwarten, wenn die hierarchische Dualität eine Pluralisierung erfährt, die die Komplementarität unmöglich werden lässt.

## 3. BEISPIELE PARODISTISCHER EINGRIFFE IN DIE ZWEIGESCHLECHTLICHKEIT

### 3.1. *Bühnentravestie*

Bekanntestes Beispiel der Parodie ist die Travestie in ihrer klassischen Form als Bühnenerscheinung; hier wird der Zusammenhang zwischen sex und gender in einer Weise parodiert, die Geschlecht sowohl als biologische Kategorie wie auch als Identitätskategorie seiner Eindeutigkeit beraubt. Zusätzlich können die Verknüpfung Geschlecht–Begehren sowie binäre Körperkonzepte zum Objekt parodistischer Verwirrung werden.

Dem Transvestiten, der auf der Bühne in das Aussehen und das Verhalten einer (klischierten) Frau schlüpft, wird zunächst von seiten des Publikums ein männliches Original unterstellt: Die blosse Kennzeichnung einer Darbietung als Travestie impliziert bereits das Auseinanderfallen von Original und Präsentation. Mit dieser vorausgesetzten Kluft spielt der Schauspieler. Er imitiert und reproduziert insofern die Idee des Originals, und zwar in einem zweifachen Sinn. Das männliche Original steht für die eigentliche, innere, nur vorübergehend unsichtbare Identität des Schauspielers. Das zweite Original, das die Darbietung beschwört, ist das weibliche, an das sich der Schauspieler scheinbar anzunähern versucht. Aber die spielende Person imitiert nicht im Sinn einer möglichst genauen Kopie. Sie baut Abweichungen ein, wenn sie zum Beispiel übersteigert feminines Verhalten mit einer betont männlichen Stimmlage kombiniert. Im Verlauf der Darbietung werden so die Grenzen zwischen Original und Nachahmung unhaltbar; die anfangs klare Kluft verwandelt sich in ein Gewirr von Mehrdeutigkeiten. Die Person auf der Bühne ist weder Mann noch Frau; ebensowenig ist sie jedoch androgyn in ihrer betont femininen Erscheinung. Die Alltagstheorie der Zweigeschlechtlichkeit greift nicht mehr, wenn deutlich wird, dass weder das innere Wesen noch die (unterstellten) Genitalien verlässliche Indizien der Geschlechtszugehörigkeit sind. Wenn noch die Dekonstruktion des komplementären Begehrens hinzukommt, verliert die Alltagstheorie endgültig ihr Fundament. Transvestiten zeigen sich meist als verführerische Figuren, für deren erotische Ausstrahlung heterosexuelle ebenso wie homosexuelle Männer und Frauen empfänglich sein können. Damit zeigt sich die Idee des strikt auf männlich-weibliche Ergänzung angelegten heterosexuellen Begehrens als Konstrukt. Die Frage, die hier aufgeworfen wird, ist dann nicht mehr diejenige, ob das sexuelle Begehren angeboren oder (früh) erworben wurde: die Travestie zeigt Begehren als Folge performativer Prozesse, deren Spielregeln gesellschaftlich definiert sind und keiner Fundierung in aussersozialen Persönlichkeitskernen bedürfen.

Eine gelungene Parodie auf die Zweigeschlechtlichkeit ist die Bühnentravestie dann, wenn sie das Publikum dazu verführt, seine binären Kategorien so lange auf die Darbietung anzuwenden, bis sie zu leeren Hülsen werden und es unwichtig erscheint zu entscheiden, ob die Bühnenfigur ein femininer Mann, eine maskuline Frau, ein androgynes Wesen, ein verleugneter Mann, eine wirkliche Frau oder etwa ein Transsexueller ist. Diese Zuordnungsversuche werden allerdings in der Regel nicht aufgrund reflektierter Überlegungen aufgegeben, sondern allein deshalb, weil die Anstrengung zu gross wird: Jede passende Einordnung wird, kaum dass sie getroffen wurde, gleich wieder inadäquat. Dieser Destabilisierungsprozess, der Betrachtenden häufig das Gefühl vermittelt, fortwährend in neue Fallen zu geraten, lässt den zweigeschlechtlichen Erkennungsdienst des Publikums sozusagen an sich selbst irre werden.

Die Travestie hat ihren Wert nicht darin, Fälschungen für echt auszugeben: ein Transvestit, der perfekt eine durchschnittliche Frau spielen würde, besässe keinen Reiz und keine parodistischen Züge. Die Kunst der Parodie liegt vielmehr darin, die Imitation – meist ein klischiertes, überzeichnetes Frauenbild – ironisch zu verzerren und dabei so hyperfeminin erscheinen zu lassen, dass die Darstellung die «originalen» Frauen wiederum verfehlt. Am Ende eines solchen Verwirrspiels stellt sich heraus, dass Originale – das imitierte weibliche wie das verborgene männliche – nichts weiter sind als halbwegs praktikable Kopien, deren Überzeugungskraft weder in einem inneren Kern der Individuen noch in deren Körperlichkeit begründet ist, sondern in einer auf blosse Gewöhnung und Konvention gebauten Kunst der Inszenierung. Auf diese Weise sprengt die Travestie den Rahmen der Binarität; sie verwirrt den Blick und strapaziert die vorgefassten Kategorien, womit sie die/den BetrachterIn nötigt, Realitäten ausserhalb der Gewissheiten der Zweigeschlechtlichkeit anzuerkennen. – Wenn Geschlecht zu einem Produkt von Handlungen und Darstellungen wird, gibt es keinen Grund, weshalb nur zwei Kategorien existieren sollten.

Obwohl die Bühnentravestie auf alle drei in Kapitel 2 genannten Themen anspielt – Innerlichkeit des Geschlechts, binäre Körperkonzepte, komplementäre Begehrenspositionen –, stellt sie in der Regel die Zweigeschlechtlichkeit nicht in politisch wirksamer Weise in Frage. Gründe hierfür liegen zum Teil in der geringen Verbreitung, zum Teil darin, dass die Bühne als Inszenierungsort die Travestie in ihren Möglichkeiten, das Dispositiv anzugreifen, begrenzt. Travestie-Inszenierungen können vom Publikum als Ausnahmesituation rezipiert werden: eine Verwirrung von Wahrnehmungs- und Zuordnungspraxis, die einzig auf das aussergewöhnliche Können des Schauspielers zurückgeführt wird, kann im Kontext alltäglicher Machtverhältnisse nur wenig dauerhafte Wirkung entfalten. Ganz wirkungslos wird die Erfahrung dennoch nicht sein: Personen, die gelegentlich solche Inszenierungen sehen, erwerben ein Wissen um die prinzipielle Konstruierbarkeit von Geschlecht. Zudem erfahren sie die Manipulierbarkeit ihrer eigenen Wahrnehmung und können am Einsatz von Kleidung, Gestik, Mimik, Stimme oder diversen Requisiten die Wirkungsweise gesellschaftlicher Regulierungen erkennen. Die Travestie zeigt beides – die Regulierung der Darstellung ebenso wie der Wahrnehmung von Zweigeschlechtlichkeit. Ihre Wirkung ist in diesem Sinn kulturell, auf das Symbolische ausgerichtet. Politisch bedeutsam wird sie nicht durch unmittelbaren Eingriff in soziale Machtverhältnisse, wohl aber über den Umweg der Verschiebung und Aufweichung kultureller Konstruktionen, die eine wesentliche Stütze der Geschlechterasymmetrien darstellen.

### 3.2. *Travestie im Alltag*

Die Prinzipien der parodistischen Selbstinszenierung bleiben in alltäglichen Kontexten dieselben wie bei der Bühnentravestie: Spiel mit Original und Kopie, Verwirrung der Wahrnehmung, praktische Dekonstruktion von Geschlecht als Ausdruck eines inneren Kerns, von Körperkonzepten und Begehrenspositionen. Wichtige Unterschiede zur Bühnentravestie bestehen jedoch im Stellenwert des Kontextes.

Aus der BetrachterInnen-Perspektive gesehen, stellt die Alltagstravestie andere Probleme als die Bühnentravestie: Der Zwang zur eindeutigen Zuordnung wirkt stärker, weil es sich hier nicht um eine Publikumssituation handelt, sondern um (potentielle) Interaktion. Da viele Interaktionsweisen spezifisch – wenn auch sehr oft unbewusst – auf Männer oder Frauen zugeschnitten sind, schafft Mehrdeutigkeit des Gegenübers Unsicherheit oder gar Interaktionsunfähigkeit. Solche Situationen führen KommunikationspartnerInnen vor Augen, in welchem Ausmass sie ihr Verhalten geschlechtsspezifisch orientieren und daher auf eindeutige Zuordnung angewiesen sind. Die Travestie lässt eingespielte Gewohnheiten und Selbstverständlichkeiten in ihrer Beliebigkeit und Fragwürdigkeit erkennen. Wenn damit Geschlechterhierarchien auch nicht aufgehoben werden, so büssen sie doch zumindest vorübergehend ihre Funktionsfähigkeit ein. Eine Person, die es zum Beispiel gewohnt ist, Frauen herablassend zu behandeln, kann im Falle eines mehrdeutigen Gegenübers keine stabilen Machtbeziehungen herstellen, solange sie nicht weiss, ob sie die Spielregeln für Gleichgestellte, für Über- oder Untergeordnete anwenden soll. Damit liegt die politische Bedeutung der Alltagstravestie in einem temporären Ausserkraftsetzen gewohnter Spielregeln für geschlechtsspezifische Beziehungen und Hierarchien.

Ironische Methoden der Geschlechterverwirrung kommen im Alltag als explizite Inszenierungen vor. Zu beobachten sind jedoch auch parodistisch wirksame Darstellungen, die von den Darstellenden nicht als Travestie im Sinne einer Verkleidung verstanden werden. Dies ist der Fall bei Personen, die die Eindeutigkeit des Geschlechts verwischen, indem sie sich in einer Weise inszenieren, die ihre geschlechtliche Zuordnung in der Schwebe hält. Diese Feststellung macht unter anderen Hirschauer:

> Wenn wir weiter von «Geschlechtsrollen» sprechen, schreiben wir theoretisch Positionen und Verhaltensweisen ein Geschlecht zu, deren Sexuierung für Teilnehmer nicht nur an Legitimität verloren hat, sondern zum Teil auch sinnlos geworden ist. Symptome dessen können uns zunehmend auf der Strasse begegnen: jene Androgynen, die in der Verrätselung ihres Geschlechts unsere Wahrnehmungskompetenz zwar herausfordern mögen, die zu identifizieren uns aber mit *unseren* Augen schon nicht mehr möglich ist oder von Bedeutung erscheint. (HIRSCHAUER 1989, 117)

Die Suche nach dem wahren Geschlecht verrätselnder DarstellerInnen verhilft BeobachterInnen nicht mehr zur Gewissheit einer stabilen Zuordnungspraxis, wenn die Kategorie des wahren Geschlechts selbst sich auflöst. So wird die Aussage, eine sich weiblich inszenierende Person sei eigentlich männlich, wertlos und unsinnig, wenn nicht mehr gesagt werden kann, worin das wahre Männliche besteht, das sich hinter dem visualisierten Weiblichen verbergen soll. In diesem Vorgang sehe ich jedoch nicht wie Hirschauer eine blosse Androgynisierung, sondern darüber hinaus einen möglichen Ansatz zur Pluralisierung. Androgynisierung bedeutet, die binären Kategorien stärker zu durchmischen, ohne die Zweiteilung von Geschlecht anzufechten. Zur Pluralisierung hingegen gehört eine Ausweitung nicht nur der Präsentationsweisen, sondern auch der Interpretationsmuster. Wo rätselhafte Inszenierungen entstehen, die weder als männlich oder weiblich noch als androgyn sinnvoll zu umschreiben sind, eröffnet sich ein Feld für neue Definitionen. Welcher Art diese Zuordnungen sein mögen oder sollen, braucht nicht theoretisch vorentschieden zu werden; sobald der binäre Rahmen entfällt, besteht kein Grund mehr zu fordern, die/alle Geschlechter müssten nach denselben Prinzipien kategorisiert werden. So wäre denkbar, dass dieselbe Person zu unterschiedlichen Zeitpunkten – allenfalls auch gleichzeitig – verschiedenen Geschlechtern zuzuordnen ist. Wenn mittels Pluralisierung die Idee des Originals, des richtigen/wahren Geschlechts hinfällig geworden ist, mag sich auch niemand mehr daran stören, wenn Geschlechterkategorien sich rascher wandeln, wenn neue auftauchen und bisweilen ebenso schnell wieder verschwinden.

Dennoch geht es hier nicht bloss um eine Vision wechselnder Geschlechtermoden. Eine verstärkte Ausbreitung parodistischen Umgangs mit der Zweigeschlechtlichkeit schafft Experimentierfelder und stört das Funktionieren bislang zuverlässiger Spielregeln, womit die gesellschaftlichen Regulierungsverfahren durchsichtiger werden. Damit ist die Zweigeschlechtlichkeit noch nicht zum Geschlechterpluralismus aufgefächert, es entstehen jedoch gute Voraussetzungen dazu.

Die Parodie verfährt induktiv: Sie greift vorhandene Realitäten auf und variiert sie mit dem Ziel, darin wirksame Techniken und Regeln so zu verwirren, dass sich neue Spielräume öffnen. Utopien einer zu erreichenden Zielsituation enthält die Parodie nicht. Als Methode schafft sie Veränderungsmöglichkeiten, ohne ein bestimmtes Ziel vorzugeben. Denkbar ist jedoch in bezug auf die Alltagstravestie, dass sich Kategorien und dazugehörige Spielregeln herausbilden für den Umgang mit Personen, die bestimmte Kombinationen von Mehrdeutigkeit aufweisen.

Um das Dispositiv der Zweigeschlechtlichkeit in seinem Funktionieren zu beeinträchtigen, reicht es aus, wenn partielle parodistische Auffächerungen sich so weit durchsetzen können, dass der allgemeine binäre Rahmen unbrauchbar wird. Ziel wäre nicht unbedingt die Mehrdeutigkeit jeder einzelnen Person, sondern die Auflösung des binären Zuordnungsschemas, das die gegenwärtig unverzichtbare Grundlage geschlechtsspezifischer Machtverteilung bildet.

## 3.3. *Subkulturelle Zusammenhänge*

Parodistische Inszenierungen von Geschlecht und Begehren finden sich in schwulen und lesbischen Zusammenhängen häufiger als in heterosexuellen. Dies dürfte daran liegen, dass hier Geschlechtskonzepte existieren, die die Künstlichkeit des natürlichen Geschlechts an mehreren kulturellen Linien entlang sichtbar werden lassen. Lesbische Weiblichkeit und schwule Männlichkeit funktionieren zwar innerhalb des Dispositivs der Zweigeschlechtlichkeit.[39] Dennoch sind sie weniger kohärent oder sich zumindest dessen bewusst, dass Geschlecht, Begehren und Körper plurale Verknüpfungen ermöglichen. Wenn dem Begehren bzw. der Heterosexualität die entscheidende Funktion in der Produktion von Geschlecht beigemessen wird, erscheinen sogar alle nicht heterosexuell Begehrenden kulturell weder als männlich noch als weiblich. Diese Position vertritt Monique Wittig mit ihrer Aussage, Lesben seien keine Frauen, da «Frau» als historisches Produkt der Zwangsheterosexualität ausschliesslich ein auf Männer bezogenes Geschlecht bezeichne (WITTIG 1973). Diese kategoriale Argumentation ist gewiss nicht ohne weiteres haltbar; es könnte sich (empirisch) jedoch erweisen, dass Lesben nur mit Hilfe einiger Kunstgriffe der feministischen Identitätspolitik im weiblichen Geschlecht miteingeschlossen wurden und unter gewissen Blickwinkeln sinnvoller nicht zum weiblichen Geschlecht zu zählen wären.

Im Falle der Schwulen, die nicht demselben politischen Identitätsdruck ausgesetzt sind wie (feministische) Lesben, existiert ein deutlich flexiblerer Umgang mit der Thematik des Geschlechts, so zum Beispiel im Konstrukt der Tunte und anderer subkultureller Typenbildungen. Die spezifische Ausprägung der Identitätsproblematik – die bei Schwulen als soziales und psychologisches Anliegen, jedoch kaum als politischer Anspruch zum Tragen kommt – dürfte mitverantwortlich sein dafür, dass in schwulen Zusammenhängen parodistische Imitationen relativ häufig vorkommen.

39 Wie Foucault aufzeigt, situiert sich die historisch als abweichendes Begehren konzipierte Homosexualität innerhalb der Normalisierungsmacht, die mit der heterosexuellen Norm zugleich die abweichenden Sexualitäten eingesetzt und reguliert hat. (FOUCAULT 1983 und o. J.)

Das lesbische butch/femme-Paar ist die einzige parodistische Erscheinung lesbischer Subkultur, die sich über vereinzelte lokale Kontexte hinaus verbreitet hat. Vor der Neuen Frauenbewegung relativ bekannt, hat das butch/femme-Paar im Verlauf der 70er Jahre an Akzeptanz eingebüsst. Mit dem Anspruch, Solidarität zwischen allen Frauen herzustellen, liess die Identitätspolitik der Neuen Frauenbewegung der Parodie wenig Raum. Butch/femme-Paare gerieten unter Verdacht, die kritisierten heterosexuellen Asymmetrien zu reproduzieren.

Kehrt man die parodistischen Züge jedoch nicht unter den Tisch und lockert die Forderung nach political correctness, so zeigen sich butch/femme-Konstellationen – die nicht unbedingt in Paar-Form auftreten müssen – durchaus als eine Möglichkeit der Geschlechterverwirrung. Da die Figur der butch nicht eigentlich mehrdeutig, sondern – als Frau in Männerkleidung – lediglich doppelt codiert ist, führt diese Form der Parodie zwar nicht über die Binarität hinaus; sie zeigt dennoch wie die übrigen parodistischen Inszenierungen den Konstruktcharakter von Geschlecht.

Da sich die Frauenbewegung unterdessen von ihrer Fixierung auf Identitätspolitik etwas gelöst hat, könnten originellere Formen der lesbischen Parodie entstehen, die es dem Umfeld nicht so leicht machen, Lesben in der Zweigeschlechtlichkeit unterzubringen.

### 3.4. *Parodie in den Medien*

Weitere Möglichkeiten, die Binarität der Geschlechter parodistisch anzugreifen, bieten sich in den Medien, in der filmischen Darstellung oder innerhalb anderer kultureller Produktionen. Bekannte Phänomene in dieser Richtung sind die Selbstdarstellungen Michael Jacksons oder die Besetzung von Theater- und Filmrollen mit dem «falschen» Geschlecht. Explizite ironische Geschlechterverwirrung inszeniert ausserdem die lesbische

Schauspielerin und Country-Sängerin k.d. lang[40], deren öffentliches Image den Rahmen der Zweigeschlechtlichkeit sprengt.

Zu den kulturellen Produktionen ist allerdings anzumerken, dass die meisten sich in der Androgynisierung erschöpfen, also eher eine Art Synthese als Geschlechterpluralisierung betreiben. Ansätze zu letzterer sind jedoch vereinzelt in Kinofilmen vorhanden. Kennzeichnend ist allerdings, dass kaum eine kulturelle Produktion die Entscheidung offenlässt, welchem Geschlecht dargestellte Personen zuzurechnen sind. Im Kontext parodistischer Pluralisierung könnte ein Offenlassen dieser Entscheidung – als Verweigerung der binären Zuordnungspraxis – ein Feld möglicher Verschiebungen und Vervielfältigungen offenlegen.

Auch hier würde es nicht darum gehen, geschlechtsneutrale Figuren zu konstruieren, sondern darum, Figuren mehrdeutig zu codieren: Geschlechtliche Zuordnung würde so unmöglich aufgrund eines Zuviels an Information, nicht als Folge eines Mangels an entsprechenden Zeichen. Wenn eine Film-/Romanfigur oder ein/e PopmusikerIn in einer Weise übercodiert ist, dass RezipientInnen in ihren Zuordnungsversuchen ständig schwanken, entsteht Raum – und vielleicht der Zwang –, alternative Zuordnungs- oder Bezeichnungsweisen zu (er-)finden.

Ironie und Parodie müssen sich nicht auf Visualisierungen beschränken. Sie können ebenso in der Sprache – in mündlicher oder schriftlicher Form – zum Tragen kommen. Neben dem literarischen eröffnen auch im theoretischen Bereich ironische Schreibweisen Möglichkeiten, den Geschlechterdiskurs aufzufächern und zu dekonstruieren, ohne in der Binarität steckenzubleiben. Bislang haben sich wenige TheoretikerInnen in dieser Weise mit der Zweigeschlechtlichkeit auseinandergesetzt. Beispiele dafür sind jedoch vorhanden, so Baudrillards Verführungstheorie. Obwohl dieser Autor die Binarität nicht überwindet, steht sein Modell des Geschlechterduells für eine Variante

40 Vgl. ihr Porträt in der *Emma* Nov./Dez. 1993

ironischen Schreibens, die der Zweigeschlechtlichkeit ihr ontologisches Fundament entzieht.

### *3.5. Transsexualität*

In den Zusammenhang von Zweigeschlechtlichkeit und Mehrdeutigkeit gehört auch die Transsexualität. Da Transsexuelle meist mit grossem Aufwand die Eindeutigkeit ihres Geschlechts präsentieren, scheinen sie sich einer Auflösung der Binarität eher zu widersetzen. Die performative Darstellung, die äusserst mühsam erlernt und eingeübt werden muss, enthüllt jedoch den Konstruktcharakter der Geschlechtsidentität. Hirschauers neuere Studie zur Transsexualität kommt zum Schluss, dass die Transsexuellen paradoxerweise eine der letzten Bastionen zur Sicherung des eindeutigen Geschlechts darstellen – für die Transsexuellen selbst, darüber hinaus jedoch auch für die nicht-transsexuelle Mehrheit:

> Die soziale Konstruktion der Transsexualität bietet in einer Zeit der emanzipatorischen Auflösung der Bedeutung der Geschlechtskategorien den Zeitgenossen die Distinktionschance, sich trotz allen Aufbruchs noch als problemlose Bewohner der alten Geschlechtskategorien zu wähnen und von ihnen aus die soziale Welt zu betrachten. Diese Distinktionschance wird durch die Medikalisierung des Geschlechtswechsels geschaffen. Sie «reserviert» die Semantik des Geschlechtswechsels und entrückt sie in beruhigende Ferne. Zu einem historischen Zeitpunkt, zu dem der Geschlechtswechsel kulturell hochgradig plausibel geworden ist, erfahren und verlangen seine radikalsten Vertreter eine gesellschaftliche Behandlung, die sie als verkörperte Kastrationsdrohung darstellt: wer seinen sozialen Platz verlassen will, ist mit der Zerstörung seines Körpers konfrontiert. Damit symbolisiert *und* nimmt die Transsexualität einen Teil der tiefsten Ängste der Emanzipation: die alte Drohung des sozialen Geschlechtsverlustes von einzelnen Personen und die neue beunruhigende Möglichkeit, dass für alle nichts von der

> Geschlechtsunterscheidung bleiben könnte als die schlichten Praktiken, die an den Leibern jene Differenz interessiert, die man einmal «männlich» und «weiblich» nannte. (HIRSCHAUER 1993, 351 f.)

Was Hirschauer nicht erwähnt, ist die Tendenz mancher Transsexueller, sich explizit ausserhalb der kulturellen Zweigeschlechtlichkeit zu verorten. In Diskussionsrunden oder Dokumentarfilmen mit Transsexuellen sind nicht selten Personen anzutreffen, die «transsexuell» als eigenständige Geschlechtskategorie ansehen. Plausibel erscheint diese kategoriale Ausweitung deshalb, weil Transsexuelle sowohl in bezug auf den Körper als auch in bezug auf die sexuelle Orientierung und Identität oder die soziale Lage Konstellationen zeigen, die mit dem Konzept der Zweigeschlechtlichkeit nicht übereinstimmen. Eine Mann-zu-Frau-Transsexuelle kann zum Beispiel einen hormonbehandelten weiblichen Körper mit männlichem Geschlechtsorgan haben, sozial und rechtlich eine Frau sein, aber aufgrund ihrer Gebärunfähigkeit bei der Krankenkasse in der Männer-Kategorie figurieren. Wenn sie als heterosexuelle oder lesbische Frau zudem Vater eines Kindes oder katholischer Pfarrer ist, kommt man mit den beiden verfügbaren Kategorien endgültig nicht mehr zurecht.

Solche Beispiele demonstrieren die Absurdität zwanghaft zweigeschlechtlichen Zuordnens dort, wo die Realität bereits eine Pluralisierung erfahren hat.

Transsexualität im Rahmen einer Auseinandersetzung mit Parodien zu thematisieren, könnte Missverständnisse evozieren. Ich meine nicht, dass Transsexuelle ein blosses Spiel um Zeichen betreiben. Die obige Sichtweise unterstreicht den Kontext der Transsexualität innerhalb des Dispositivs der Zweigeschlechtlichkeit – einzig in diesem Sinn wird hier von Parodie gesprochen. Es handelt sich also um ein Vorgehen, das – ohne parodistische Intention seitens der Transsexuellen – parodistische Effekte zeitigt: die kulturelle Zweigeschlechtlichkeit erfährt Verschiebungen, die die Grenzen des Dispositivs an manchen Stellen unklar und durchlässig gestalten. Trotz aller Belastungen, denen Transsexuelle ausgesetzt sind, werfen ihre Lebens- und Darstellungsweisen doch ein ironisches Licht auf die Kleinlichkeit der Beschränkung auf zwei Geschlechter.

# Literatur

AMENDT, Gerhard (1991). Die bevormundete Frau oder die Macht der Frauenärzte. Frankfurt am Main: Fischer

BAUDRILLARD, Jean (1982). Der geklonte Körper – oder das überflüssige Geschlecht. In: Kamper/Wulff (Hg.) (1982), 350–362

Ders. (1992). Von der Verführung. München: Matthes & Seitz

BAUMAN, Zygmunt (1992). Moderne und Ambivalenz: das Ende der Eindeutigkeit. Hamburg: Junius

BENNHOLDT-THOMSEN, Veronika (1989). Überleben in der Wirtschaftskrise und die Würde des Menschen. Zwei Beispiele aus Mexiko. In: Kossek/Langer/ Seiser (Hg.) (1989), 78–102

BERGER, Peter L./LUCKMANN, Thomas (1987). Die gesellschaftliche Konstruktion der Wirklichkeit. Frankfurt am Main: Fischer

BISCHOF, Norbert/PREUSCHOFT, Holger (Hg.) (1980). Geschlechtsunterschiede. Entstehung und Entwicklung. Mann und Frau in biologischer Sicht. München: Beck

BOYNE, Roy/RATTANSI, Ali (Hg.) (1990). Postmodernism and Society. New York: St. Martin's Press

BRAUCKMANN, Jutta (1986). Die vergessene Wirklichkeit. Männer und Frauen im weiblichen Leben. Münster: Lit

BUTLER, Judith (1991). Das Unbehagen der Geschlechter. Frankfurt am Main: Suhrkamp

CONNELL, Bob (1986). Zur Theorie der Geschlechterverhältnisse. In: Das Argument Nr. 157, 330–334

COREA, Gena (1988). MutterMaschine. Reproduktionstechnologien –

von der künstlichen Befruchtung zur künstlichen Gebärmutter. Frankfurt am Main: Fischer

CUCCHIARI, Salvatore (1981). The gender revolution and the transition from bisexual horde to patrilocal band: the origins of gender identity. In: Ortner, Sherry/Whitehead, Harriet (Eds) (1981), 31–79

CULLER, Jonathan (1988). Dekonstruktion. Derrida und die poststrukturalistische Literaturtheorie. Reinbek bei Hamburg: Rowohlt

DUDEN, Barbara (1987). Geschichte unter der Haut. Ein Eisenacher Arzt und seine Patientinnen um 1730. Stuttgart: Klett-Cotta

Dies. (1991). Der Frauenleib als öffentlicher Ort. Vom Missbrauch des Begriffs Leben. Hamburg: Luchterhand

ENGELMANN, Peter (Hg.) (1990). Postmoderne und Dekonstruktion. Texte französischer Philosophen der Gegenwart. Stuttgart:Reclam

FISCHER-HOMBERGER, Esther (1979). Krankheit Frau und andere Arbeiten zur Medizingeschichte der Frau. Bern: Hans Huber

FOUCAULT, Michel (1976). Mikrophysik der Macht. Berlin: Merve

Ders. (Ed.) (1978). Herculine Barbin dite Alexina B. Paris:Gallimard

Ders. (1978). Dispositive der Macht. Berlin: Merve

Ders. (1983). Sexualität und Wahrheit Band I – Der Wille zum Wissen. Frankfurt am Main: Suhrkamp

Ders. (1987). Von der Subversion des Wissens. Frankfurt am Main: Fischer

Ders. (1989). Überwachen und Strafen. Die Geburt des Gefängnisses. Frankfurt am Main: Suhrkamp

Ders. (1990). Naissance de la clinique. Paris: Quadrige/Presses Universitaires de France

Ders. (o. J.). Von der Freundschaft. Berlin. Merve

FREUD, Sigmund (1982). Das Unbehagen in der Kultur. In: Sigmund Freud, Studienausgabe Band IX, 191–270. Frankfurt am Main: Fischer

GALLAGHER, Catherine/LAQUEUR, Thomas (1987). The Making of the Modern Body. Berkeley: University of California Press

GARFINKEL, Harold (1967). Studies in Ethnomethodology. Englewood Cliffs: Prentice Hall

GILDEMEISTER, Regine (1992). Die soziale Konstruktion von Geschlechtlichkeit. In: Ostner/Lichtblau (Hg.) (1992), 220–239

GOFFMANN, Erving (1977). The Arrangement Between the Sexes. In: Theory and Society 4, 301–331

HAGEMANN-WHITE, Carol (1984). Sozialisation: Weiblich – männlich? Alltag und Biografie von Mädchen. Opladen. Leske + Budrich

Dies. (1988). Wir werden nicht zweigeschlechtlich geboren... In: Dies./ Maria S. Rerrich (Hg.) (1988), 224–235

HAGEMANN-WHITE, Carol/RERRICH, Maria S. (Hg.) (1988). FrauenMännerBilder. Männer und Männlichkeit in der feministischen Diskussion. Bielefeld: AJZ

HARAWAY, Donna (1987). Geschlecht, Gender, Genre, Sexualpolitik eines Wortes. In: Hauser, Kornelia (Hg.) (1987), 22–41

HARDING, Sandra (1990). Feminism, Science, and the Anti-Enlightenment Critiques. In: Nicholson, Linda J. (Ed.) (1990), 83–106

HASSAN, Ihab (1988). Pluralismus in der Postmoderne. In: Kamper, Dietmar/van Rejen, Willem (Hg.) (1987). Die unvollendete Vernunft: Moderne versus Postmoderne. Frankfurt am Main: Suhrkamp, 157–184

HAUSER, Kornelia (Hg.) (1987). Viele Orte. Überall? Feminismus in Bewegung. Festschrift für Frigga Haug. Berlin: Argument

HERZOG, Walter/VIOLI, Enrico (Hg.) (1991). beschreiblich weiblich. Aspekte feministischer Wissenschaft und Wissenschaftskritik. Chur: Rüegger

HIRSCHAUER, Stefan (1989). Die interaktive Konstruktion von Geschlechtszugehörigkeit. In: Zeitschrift für Soziologie 1989, Heft 2, 100–118

Ders. (1993). Die soziale Konstruktion der Transsexualität. Frankfurt am Main. Suhrkamp

HOFFMANN-NOWOTNY, Hans-Joachim (Hg.) (1989). Kultur und Gesellschaft. Zürich: Seismo

HONEGGER, Claudia (1991). Die Ordnung der Geschlechter. Die Wissenschaften vom Menschen und das Weib. Frankfurt am Main: Campus

KAMPER, Dietmar/WULFF, Christoph (Hg.) (1982). Die Wiederkehr des Körpers. Frankfurt am Main: Suhrkamp

KARPENSTEIN-ESSBACH, Christa (1988). Hygiene der Frau. In: Schaeffer-Hegel, Barbara (Hg.) (1988), 250–257

KELLER, Heide (Hg.) (1979). Geschlechtsunterschiede. Weinheim: Beltz

KESSLER, Suzanne/McKENNA, Wendy (1978). Gender: An Ethnomethodological Approach. New York: Wiley

KNORR-CETINA, Karin (1989). Spielarten des Konstruktivismus. In: Soziale Welt 40, 86–96

KLEIN, Renate D. (Hg.) (1989). Das Geschäft mit der Hoffnung. Erfahrungen mit der Fortpflanzungsmedizin. Berlin: Orlanda

KOKULA, Ilse/BÖHMER, Ulrike (1991). Die Welt gehört uns doch! Zusammenschluss lesbischer Frauen in der Schweiz der 30er Jahre. Zürich: eFeF

KOSLOWSKI, Peter (1988). Die postmoderne Kultur. Gesellschaftlich-kulturelle Konsequenzen der technischen Kultur. München: C. H. Beck

KOSSEK, Brigitte/LANGER, Dorothea/SEISER, Gerti (Hg.) (1989). Verkehren der Geschlechter. Reflexionen und Analysen von Ethnologinnen. Wien: Wiener Frauenverlag

LANDWEER, Hilge (1993). Herausforderung Foucault. In: Die Philosophin 7, 8–18

LINDEMANN, Gesa (1992). Die leiblich-affektive Konstruktion des Geschlechts. Für eine Mikrosoziologie des Geschlechts unter der Haut. In: Zeitschrift für Soziologie Nr. 5, 330–346

LIPP, Wolfgang (1986). Geschlechtsrollenwechsel. Formen und Funktionen am Beispiel ethnographischer Materialien. In: Kölner Zeitschrift für Soziologie und Sozialpsychologie 38, 529–559

LOVIBOND, Sabina (1990). Feminism and Postmodernism. In: Boyne, Roy/Rattansi, Ali (Eds.) (1990), 154–186

LYOTARD, Jean-François (1977). Das Patchwork der Minderheiten. Berlin: Merve

Ders. (1986). Das postmoderne Wissen. Wien: Passagen

Ders. (1987). Postmoderne für Kinder. Wien: Passagen

MEIER-DALLACH, Hans-Peter/MÖRTH, Ingo (1989). Kultur in der Bevölkerung: Entwicklungen seit 1945 und die gegenwärtige Situation. In: Hoffmann-Nowotny, Hans-Joachim (Hg.) (1989), 186–193

NICHOLSON, Linda J. (Ed.) (1990). Feminism/Postmodernism. New York: Routledge

ORTNER, Sherry/WHITEHEAD, Harriet (Eds.) (1981). Sexual Meanings: The Cultural Construction of Gender and Sexuality. New York: Cambridge University Press

OSTNER, Ilona/LICHTBLAU, Klaus (Hg.) (1992). Feministische Vernunftkritik. Ansätze und Traditionen. Frankfurt am Main: Campus

PLESSNER, Helmuth (1975). Die Stufen des Organischen und der Mensch. Berlin: Campus

RAUSCHENBACH, Brigitte (1993). Gleichheit, Widerspruch, Differenz. Denkformen als Politikformen. In: Die Philosophin 8, 57–86

RICH, Adrienne (1986). Zwangsheterosexualität und lesbische Existenz. In: Schultz, Dagmar (Hg.) (1986). Macht und Sinnlichkeit. Berlin: Orlanda, 138–168

RÖDIG, Andrea (1992). Geschlecht als Kategorie. In: Feministische Studien 1992, Nr. 1, 105–112

RORTY, Richard (1992). Kontingenz, Ironie und Solidarität. Frankfurt am Main: Suhrkamp

SCARRY, Elaine (1992). Der Körper im Schmerz – Die Chiffren der Verletzlichkeit und die Erfindung der Kultur. Frankfurt am Main: Fischer

SCHAEFFER-HEGEL, Barbara (Hg.) (1988). Frauen und Macht. Der alltägliche Beitrag der Frauen zur Politik des Patriarchats. Pfaffenweiler: Centaurus

SCHULZE, Christa (Hg.) (1990). Gynäkopsychologie. Tübingen: DGVT

SCHIEBINGER, Londa (1987). Skeletons in the Closet: The First Illustrations of the Female Skeleton in Eighteenth-Century Anatomy. In: Gallagher/Laqueur (1987), 42–82

SCHÜSSLER, Marina/BODE, Kathrin (1992). Geprüfte Mädchen – Ganze Frauen. Zur Normierung der Mädchen in der Kindergynäkologie. Zürich: eFeF

STRECKEISEN, Ursula (1991). Die Sozialwissenschaften und das soziale Geschlecht. Aspekte einer problematischen Beziehung. In: Herzog/Violi (Hg.) (1991), 153–176

TYRELL, Hartmann (1986). Geschlechtliche Differenzierung und Geschlechterklassifikation. In: Kölner Zeitschrift für Soziologie und Sozialpsychologie 38, 450–489

VOGT, Irmgard (1989). Die Gesundheit der Frauen ist Frauensache: Die Frauengesundheitsbewegung. In: Jahrbuch für Kritische Medizin 14, Argument-Sonderband, 123–134

WEEDON, Chris (1990). Wissen und Erfahrung. Feministische Praxis und Poststrukturalistische Theorie. Zürich: eFeF

WELLNER, Uli/BRODDA, R. (1979). Zur Biologie der Geschlechtsdifferenzierung. In: Keller, Heide (Hg.) (1979), 93–126

WELSCH, Wolfgang (Hg.) (1988). Wege aus der Moderne. Schlüsseltexte der Postmoderne-Diskussion. Weinheim: VCH Acta Humaniora

Ders. (1991). Unsere postmoderne Moderne. Weinheim: VCH Acta Humaniora

WITTIG, Monique (1973). Le corps lesbien. Paris: Minuit